Bärbel Schäfer · Monika Schuck

Die besten Jahre

Bärbel Schäfer • Monika Schuck

Die besten Jahre

Frauen erzählen vom Älterwerden

kiepenheuer
AUFBAU VERLAGSGRUPPE

Mit 35 Porträts von Karsten Bartel

ISBN 978-3-378-01091-8

Gustav Kiepenheuer ist eine Marke
der Aufbau Verlagsgruppe GmbH

1. Auflage 2007

Einbandgestaltung Gundula Hißmann, Hamburg
Druck und Binden Ebner & Spiegel, Ulm
Printed in Germany

www.gustav-kiepenheuer.de

Inhalt

Vorwort

»Was machen Sie?
Nichts. Ich lasse das Leben auf mich regnen.«

Rahel Varnhagen

Warum über das Älterwerden nachdenken? Es gibt sicher viele Gründe, denn jeder Lebensabschnitt bringt neue Erfahrungen und Chancen für ein bewusstes und selbstbestimmtes Leben mit sich. Ein runder Geburtstag, das Ende einer Sportler- oder Künstlerkarriere, der Einstieg ins Rentenalter, Neuanfänge, der Verlust eines geliebten Menschen oder die Herausforderung, Verantwortung in der Pflege eines Angehörigen zu übernehmen – all dies sind Einschnitte, die uns bewusst machen, dass wir älter werden. Und manchmal reicht auch einfach der Blick in den Spiegel.

Wie begegnen wir also dem Alter? Hoffentlich offensiv und neugierig. Altern ist nichts für Feiglinge, bemerkte die amerikanische Schauspielerin Mae West. Und es passiert nicht nur den anderen, sondern auch uns. Es verlangt aber nicht nur Mut, sondern auch Reflexion, mitunter Humor und einfach die Lust am Leben.

Wir haben einundvierzig Frauen im Alter zwischen dreißig und hundert Jahren interviewt. Sie offenbarten in intensiven Gesprächen die Gedanken, Erfahrungen, Zweifel, Ängste, Pläne und Hoffnungen, die sie mit dem Älterwerden verbinden – und im Nachhinein glauben wir, dass der Schriftsteller Max Frisch recht hatte, als er sagte: »Frauen altern besser.« Wir haben bei unseren Gesprächspartnerinnen gesehen, dass sie, statt das Alter zu ignorieren oder den Kopf in den Sand zu stecken, souverän damit umgehen und mit vollem Bewusstsein diese Lebensrealität verarbeiten.

Doch welche Anzeichen gibt es, woran merkt man, dass man älter wird? Ist es so weit, wenn man seltener in Clubs, sondern eher in Restaurants geht oder sich mit Freunden zu Hause am Küchentisch trifft? Wenn man für Konzerte Sitz- statt Stehplatzkarten bucht und darüber nachdenkt, seinen Urlaub in einem Silence Hotel zu verbringen? Wenn das Bedürfnis, mehr Zeit für sich zu haben, zunimmt? Wenn man merkt, dass man immer vergesslicher wird und eigentlich einen Gedächtnistrainingskurs belegen müsste? Wird man alt, wenn einem die neueste Musik nichts mehr sagt, man die Sprache der Jugend nicht versteht? Wie bleibt man jung, ohne dem Jugendwahn zu verfallen? Führt die Zunahme der Erfahrungen zum Verlust von Spontaneität und Offenheit? Und ist es, ganz allgemein gefragt, überhaupt notwendig, das Älterwerden mit Verlust gleichzusetzen? Wäre es nicht sinnvoller, sich zu fragen, was man gewinnt? Nämlich Erfahrungen, Gelassenheit, Souveränität, die Fähigkeit, Beziehungen, Liebe und Freundschaften, als kostbares Gut zu schätzen und bewusster wahrzunehmen. Und Alte sind Kult: »The Zimmers«, eine Rentnerband aus Großbritannien mit einem Durchschnittsalter von achtundsiebzig – die rockenden Omas und Opas sind mit ihrem »Geriatric Rock« und ihrem Musikvideo überaus erfolgreich und touren sogar durch Europa.

Bevölkerungswissenschaftler referieren über die alternde Gesellschaft und warnen vor dem »Clash der Generationen«. Der Geburtenrückgang in Deutschland und die Zunahme der über Fünfundsechzigjährigen auf 27 Prozent der Bevölkerung bis zum Jahr 2050 zwingt uns, in Zukunft neu über die Produktivität und Kaufkraft der sogenannten Best Ager nachzudenken. Die Generation der über Fünfzigjährigen in Deutschland verfügt über eine halbe Billion Euro Geldvermögen, neunzig Milliarden Euro sind davon jährlich verfügbar. Der Markt reagiert immer stärker auf diese wirtschaftlich potente Klientel. Kosmetik-, Reise-, Möbel- und Autokonzerne entwickeln eigene Produktlinien für Ältere. Und immer häufiger greifen Unternehmen auch auf die Erfahrungen älterer Fachkräfte zurück, statt sie aus den Jobs zu drängen.

Zugleich ist es eine Tatsache, dass sich die Gemeinschaft auf die Zunahme an pflegebedürftigen und kranken Menschen einstellen muss. Mehr Lebenszeit bedeutet auch mehr altersspezifische Erkrankungen, wie Demenz, Schlaganfälle, Herzinfarkte und Krebs. Die größte Angst der meisten Menschen ist es, im Alter Schmerzen erleiden zu müssen und von anderen abhängig zu sein. Wie bewältigt man das alltägliche Leben, wenn der Körper zur Last wird? Sind Medizin, Pflegeeinrichtungen und Hospize auf diese Fragen wirklich vorbereitet? Frauen sind bei der Einnahme von Östrogenen und Gestagenen in den Wechseljahren nicht vor Arteriosklerose, Infarkten und Schlaganfällen geschützt, sondern sogar stärker gefährdet, wie neueste Untersuchungen der Women Health Initiative zeigen.

Die Generation der heutigen Alten verfügt über so viel freie Zeit wie keine zuvor. Ist das Segen oder Fluch? Wie nutzen sie die gewonnene Zeit für sich? Geben sie ihre Erfahrungen an den Nachwuchs weiter? Oder nutzen sie ihre Kraft, um ehrenamtlich in sozialen Einrichtungen zu arbeiten? Die Frauen in diesem Buch zeigen Wege, wie sie sich den Herausforderungen des Älterwerdens stellen, weiter in ihren Berufen arbeiten, wie die Filmproduzentin Regina Ziegler, die mit dreiundsechzig noch täglich um die Welt jettet, um Verhandlungen zu führen, oder sich neue Aufgaben suchen, wie die frühere Krankenschwester Sevim Aydin, die heute ehrenamtlich ältere Menschen in ihrer Nachbarschaft betreut.

Auf unsere Nachfragen, wie sich das Alter bei jedem einzelnen bemerkbar macht, erhielten wir sehr vielfältige Antworten. Margarete Mitscherlich erzählte uns: »Das Angenehme am Alter ist, dass man weiß, wer man ist.« Die Holocaustüberlebende Trude Simonsohn nutzt ihre Erfahrungen, um jungen Menschen in Schulen als Zeitzeugin deutlich zu machen, wie wichtig es ist, gegen Unrecht vorzugehen.

Ändern sich mit dem Anstieg der Lebenserwartung auch Lebensträume, Sexualität, Wohnkonzepte und soziale Realitäten? Ist man wirklich so alt, wie man sich fühlt, gibt es tatsächlich die Chance, wenn auch nicht körperlich, so doch wenigstens geistig jung zu bleiben? Marie-Luise Marjan, die Mutter Beimer aus der ARD-Serie »Lindenstrasse«, fühlt sich alterslos und ist sich sicher, es liegt an ihrem fröhlichen Wesen. Die Moderatorin Frauke Ludowig kennt den Kampf der Prominenten gegen die ersten Falten aus ihrem beruflichen Alltag, und die Schauspielerin Anja Kling weiß, wie mancher Produzent über ältere Kolleginnen spricht.

Ein Wunsch tauchte bei vielen unserer Gesprächspartnerinnen auf: Sie möchten in Würde und Zufriedenheit alt werden. Doch was bedeutet das? Die Möglichkeit, bei einem Umzug ins Altersheim seine vertrauten Möbel und Bücher mitzunehmen (was nicht in allen Häusern selbstverständlich ist), ausreichend Rente, um Kinder und Enkel besuchen zu können; der Stolz, dem Sohn, der das Familienunternehmen nun leitet, einen Rat geben zu können – so unterschiedlich lauteten die Antworten. Und manchmal ist es eine scheinbare Kleinigkeit, wie die Gewohnheit unserer unglaublich wachen hundertjährigen Gesprächspartnerin Hertha Loew: immer ein Stückchen Schokolade in Reichweite zu haben.

Es gibt auch die Angst vor Einsamkeit und Isolation im Alter, aber viele der Frauen, die wir befragt haben, richten den Blick nach vorn, nutzen die Zeit sinnvoll, begegnen dem Alter heiter und nehmen es als Herausforderung. Die Gesellschaft altert, doch die Alten, so scheint es, bleiben länger jung, kreativ und aktiv. Frauen gründen auch in höherem Alter noch Unternehmen, reisen durch die Welt, genießen eine erfüllte Sexualität, realisieren ihre Träume. Sie gestalten ihr Älterwerden ohne Angst, sie werden vielleicht langsamer, aber sie bleiben nicht stehen.

Bärbel Schäfer, Monika Schuck, im Juli 2007

Margarete Mitscherlich, Psychoanalytikerin, 90 Jahre

Der Mensch macht ein fürchterliches Theater um den Tod

Mit zwölf Jahren bat ich den lieben Gott, mich nicht mehr altern zu lassen. Er hielt sich leider nicht daran. Mit siebzehn dachte ich, älter dürfte man eigentlich nicht werden, denn mit achtzehn Jahren geht es bereits bergab. Die ersten Linien beim Blick in den Spiegel mit fünfundzwanzig zu entdecken, war nicht leicht für mich. Heute, mit neunzig, bin ich schon acht Zentimeter geschrumpft. Überhaupt fallen mir kaum positive Aspekte des Alters ein. Es ist einfach sehr mühsam, wenn der Körper zur Last wird. Ich kann nicht mehr ordentlich hören und gehen. Früher war mir der Körper zu Diensten. Sportlich aktiv zu sein, Wandern und Skifahren waren mir eine große Freude. Heute sitze ich am liebsten, weil jede Bewegung schmerzt.

Im Alter müssen wir Menschen endlich begreifen, dass man geboren wird und dass man stirbt. Diese Erkenntnis kann man auf verschiedenen Wegen erreichen: lernend, dagegen opponierend, zustimmend. Der Mensch beherrscht alle anderen Säugetiere. Als denkendes Wesen müsste er in der Lage sein, sich von ihnen etwas abzuschauen, und lernen, den Tod hinzunehmen. Wir sollten das Sterben als ebenso selbstverständlich betrachten wie das Leben.

Diese ganzen Religionen sind doch reine Phantasien. Die Einteilung der Welt in Gut und Böse hilft uns Menschen, dem Tod zu begegnen. Die Vorstellung vom Paradies ist eine mentale Krücke. Physiker haben längst bewiesen, dass es die Welt und das All gibt, aber weder Himmel noch Hölle. Geistig hat die menschliche Gattung auf unserem Planeten zwar gesiegt, aber sie hat ein Problem: Sie kann nicht einfach geboren werden und möglichst anständig, freundlich sich selbst und anderen gegenüber ihr Leben verbringen. Der Mensch macht ein fürchterliches Theater um den Tod. Dabei können wir rein gar nichts voraussehen. Ich weiß nicht einmal, was in der kommenden halben Stunde passieren wird. Abgesprochen sind die nächsten Stunden, geplant ist ein Interview, Arbeiten am Schreibtisch sind zu erledigen, ich gehe nach Hause, treffe Freunde, koche vielleicht ein Abendessen. Aber wer weiß, vielleicht kommt es ganz anders?

Der Mensch will sich gern langfristig auf etwas einstellen. Er plant, rechnet und konstruiert. Selbst beim Bau der Atombombe folgte die Natur seinem Denken, und die Rechnung ging auf. Nur, wie der Mensch unsterblich werden kann, hat er noch nicht entdeckt. Das zu akzeptieren fällt ihm schwer, und aus diesem Grund erfand er die Religionen. Im Grunde gehen also all die mörderischen Auseinandersetzungen zwischen Moslems und Christen auf Phantasien zurück. Das ist doch verrückt. Religionen sind ein Versuch, uns die Illusion der Möglichkeit eines ewigen Lebens zu geben, oder dienen im besten Fall dazu, dass wir uns zu Lebzeiten anständig verhalten.

Mit Hilfe meiner Wissenschaft, der Psychoanalyse, erfährt man etwas über die Motive eines bestimmten Verhaltens, und in der Therapie kann der Mensch erkennen, warum er in der Vergangenheit sich selbst oder anderen geschadet hat. »Glücklich ist, wer vergisst, was nicht mehr zu ändern ist.« Das ist ein Motto, das wir verinnerlichen könnten, aber bitte ohne das stete Jammern und Klagen über das Vergangene. Wir werden nicht gefragt, ob wir geboren werden wollen, irgendwo auf der Welt werden wir von einem männlichen und einem weiblichen Wesen gezeugt und müssen mit den Folgen leben. Es ist also Schicksal, wo, mit welcher Hautfarbe und in welches Milieu wir hineingeboren werden, ein Schicksal, das wir annehmen müssen.

Ich bin dankbar für die Mutter, die ich hatte. Ich verstand mich ausgezeichnet mit ihr und rechne ihr hoch an, dass sie uns Kinder nie kränkte. Erwachsene merken ja oftmals gar nicht, wie verletzbar und hilflos ihnen ihre Kinder ausgeliefert sind.

Meine Mutter war das, was man heute einen behinderten Menschen nennt. Seit ihrem fünften Lebensjahr litt sie an einer Gelenktuberkulose, doch sie jammerte nie, sondern reagierte im Gegenteil ihr Leben lang auf Schicksalsschläge souverän und gewissermaßen mit Erwachsenheit. Mit ihrem verkürzten Bein und den unterschiedlich langen Füßen musste sie ihr Schuhwerk von einem Orthopäden anfertigen lassen. Auf hohen Absätzen konnte sie nie laufen. Bis zum Schluss hat sie viel gelesen, war vielseitig interessiert und nahm das Alter an. Ich hatte nie das Gefühl, eine behinderte Mutter zu haben. Doch auch wenn ich mit Liebe an sie denke, ein Vorbild war sie für mich nicht. Ich bin ein anderer Mensch.

Im Moment ist das Thema Alter in aller Munde. Die Bismarckschen Sozialgesetze, die das Prinzip vertraten, dass erst die Alten für die Jungen die Last tragen und dann umgekehrt, funktionieren nicht mehr. Bei mangelndem Nachwuchs ist das kein Wunder. Immer weniger Junge müssen immer mehr Alte ernähren. Das wird dann eine Geldfrage. Denn umbringen kann man uns nicht, bezahlen aber auch nicht.

Der Zeitgeist verlangt nach Jugend und sexueller Attraktivität bis zum Tod. Schon im letzten Jahrhundert versuchte man mit Hilfe von Schminke, die Verstorbenen im Totenbett wieder jünger aussehen zu lassen. Von meinem Lehrer Sigmund Freud wissen wir, dass man lange versucht hat, die Sexualität zu verdrängen. Während Sex früher Sünde war, ist er heute geradezu zur Pflicht geworden. Das macht es uns nicht leicht, älter zu werden. Wer nicht sexuell aktiv ist, so suggerieren die Medien, ist kein vollwertiger Mensch.

Zweimal pro Woche arbeite ich noch im Sigmund-Freud-Institut. Seit dem Tod meines Mannes Alexander bin ich allein, die Arbeit hält mich am Leben und macht mir Freude. Es ist schön, wenn Patienten gezielt nach mir als Therapeutin fragen und ich ihnen mit den Fähigkeiten, die ich im Laufe meines eigenen Lebens erwarb, ein Stück aus ihren Problemen heraushelfen kann. Dabei gibt mir jeder Patient auch etwas zurück. Während der Therapiesitzungen lerne ich ganze Perioden meines eigenen Lebens neu zu betrachten. Bis ans Lebensende neue Aspekte des Menschseins aufspüren, das ist die größte Freude des Alters.

Allerdings muss man auch konstatieren, dass die Psychoanalyse heutzutage fast ein wenig langweilig geworden ist. Denken Sie nur an die Empörung, die Freud mit seinen ersten Veröffentlichungen ausgelöst hat. Heute hingegen kennt beinahe jeder die Schlagworte aus seiner Terminologie, wie Ödipuskomplex, Über-Ich und das Unbewusste. Und welcher Patient hat schon Lust, sich Hunderte von Stunden auf die Couch zu legen, wenn er denkt, er weiß schon alles?

Mein Jahrgang hat erfahren, dass das Leben von einem Moment auf den anderen durch den Krieg beendet sein kann. Wir waren jung und hatten nicht die geringste Lust, an den Tod zu denken, wurden aber täglich mit ihm konfrontiert. Unsere Generation hat furchtbare Dinge erlebt. Der Krieg hat uns gelehrt, wie grausam Menschen miteinander umgehen können, die völlige Gleichgültigkeit, ob jemand gequält, misshandelt oder erschossen wurde. Wenn ich später selbst Schmerzen hatte oder traurig war, dachte ich oft, wie gering dieses Leid ist im Verhältnis zu den Leiden der Opfer in den Konzentrationslagern. Das muss man sich immer wieder vor Augen führen. Wenn wir als denkende Art andere unterdrückt und ermordet haben, wenn Denken so etwas anrichten kann, dann hat man die Verpflichtung, es zu nutzen, um Gutes zu tun.

Diese Kriegserfahrung ist schwer zu vermitteln, und ich dränge der jüngeren Generation diese Thematik nicht auf, es sei denn, ich werde gezielt danach gefragt. Das Land und die Gesellschaft weiß inzwischen, was während der Nazizeit geschehen ist, und übernimmt Verantwortung. Der Holocaust wird kaum mehr geleugnet, auch wenn sich individuell viele noch nicht zu ihrem damaligen Handeln bekennen können. Patienten von mir haben ihre in der Nazizeit aktiven Eltern verdammt, aber das nützt ja nichts, es sind ihre Eltern. Selbst meine Mutter, eine Anhängerin Bismarcks, brauchte etwas länger, um zu erkennen dass die Nationalsozialisten nichts taugten.

Mein dänischer Vater hat den Krieg prophezeit. Keiner meiner Freunde war ein Nazi. Mein Bruder war im dänischen Widerstand, er hat zusammen mit dänischen Fischern deutschen Juden zur Flucht verholfen. Das Dritte Reich war ein System, das die niedrigsten menschlichen Instinkte ansprach. Ich habe mich damit in meinen Büchern, aber auch in meinen Therapien auseinandergesetzt. Wir haben gegen so viele Verkrustungen gekämpft und geschrieben. Die Frauenbewegung ging wie alles Intelligente und Nachdenkliche im Dritten Reich unter. Im Krieg waren die Frauen oft allein, ihre Männer an der Front. In den fünfziger Jahren musste sich die Emanzipationsbewegung erholen und neu formieren. Auch in der Zeit der Achtundsechziger waren die Männer noch Machos, bis die Frauen endlich begannen, Grenzen zu setzen.

Die Enkelinnengeneration von heute nimmt vieles als selbstverständlich hin, was wir erkämpft haben: Studium, Stimmrecht, Auslandsreisen ohne Begleitung, gleiche berufliche Chancen und freie Wahl der Ehepartner. Dennoch hat die Frauenbewegung längst nicht alle Ziele erreicht, sowohl in Europa, wo Frauen noch immer schlechter bezahlt werden als männliche Kollegen und zu selten in Führungspositionen gelangen, als erst recht in muslimischen Ländern. Aber ich habe mich damit abgefunden, dass ich selbst keine Möglichkeit mehr habe, Einfluss zu nehmen. Das müssen andere übernehmen. Auch das gehört zum vernünftigen Denken, dass wir unsere Grenzen erkennen.

Entwicklungen zu erleben, viel zu lesen, Patienten zu sehen, das sind noch immer Glücksmomente für mich. Ich hoffe, meine Hirnzellen machen da noch lange mit. Meine alten Freunde sind fast alle tot. Die Menschen in meinem Umfeld sind jetzt meist jünger als ich.

Ein neuer Partner kam nach dem Tod meines Mannes für mich nicht in Frage. Ich komme aus einer Generation, in der man es sich hundertmal überlegte, bevor man eine feste Beziehung einging. Ich bin Realistin, Tatsachen muss man hinnehmen. Das Angenehme am Alter ist, dass man weiß, wer man ist.

Anja Kling, Schauspielerin, 37 Jahre

Wir sind froh, dass wir uns haben

In meinem Beruf ist es besonders brutal. Mit vierzig fällt man schon aus dem Raster, weil man drei Falten hat. Nicht umsonst lassen sich die meisten Schauspielerinnen Botox spritzen oder liften. Gar nicht weil sie so eitel sind, sondern aus Angst um ihren Job. Das würde ich nicht wollen – solche Eingriffe, nur weil der Herr Produzent mich sonst nicht mehr besetzt. Die meisten machen sich nicht bewusst, dass in der Schauspielerei ab einem gewissen Alter Schluss ist mit den Angeboten. Nur ganz, ganz wenige bekommen auch im Alter noch gute Angebote. Ich weiß inzwischen, wie manche Produzenten über Schauspielerinnen sprechen, wenn sie über vierzig sind – nicht sehr freundlich. Es geht nur um Äußerlichkeiten, nicht etwa darum, welcher Typ besetzt werden muss oder ob jemand talentiert ist. Das ist sehr schwer für ältere Kolleginnen.

Mit dem Erfolg ist es irgendwann vorbei, es gibt dann kaum noch Platz, weil die passenden Rollen für ältere Schauspielerinnen fehlen. Deshalb schummeln viele mit dem Alter, bleiben auf mysteriöse Weise jahrelang sechsunddreißig. Und andere, das erlebe ich auch in der Branche, geben extra an, ihr Spielalter sei zehn Jahre jünger als das Geburtsalter. So ein Quatsch. Aber ich verurteile das nicht, ich weiß, woher es kommt. Es sind Produzenten und Regisseure, die die Kolleginnen dahin treiben.

Ausnahmen gibt es nur wenige. Wenn man an deutsche Schauspielerinnen denkt, fallen einem vielleicht zehn jenseits der fünfzig ein, die weiter besetzt werden. Und was ist mit den anderen tausend? Die meisten Schauspieler verlassen sich, wenn es einmal gut läuft, darauf und glauben, dass es auf ewig so bleiben wird. Sie fallen in ein großes schwarzes Loch und verstehen die Welt nicht mehr, wenn von heute auf morgen keine Angebote mehr kommen. Einfach Schluss, ganz plötzlich.

Ich frage Kollegen am Set oft, was sie denn machen würden, wenn es nicht mehr läuft, ich bin, was das angeht, eine regelrechte Nervensäge. Doch bei den meisten stoße ich auf Unverständnis. Nur wenige sorgen vor, manche phantasieren zum Beispiel von einer Pferdefarm oder etwas anderem Großartigen. Aber Geld haben sie dafür nicht zurückgelegt. Der eine oder andere hat vielleicht die Chance, beim Theater unterzukommen, aber auch das ist nicht leicht. Es gibt ein Überangebot an Schauspielern, auch an richtig guten.

Noch extremer ist es bei Tänzern, da ist schon mit Mitte dreißig Schluss mit der Karriere. Sie können nur tanzen – und dann? Ich hatte auch eine einjährige Tanzausbildung und weiß, wovon ich spreche. Ich kenne einige Tänzer, denen es jetzt so ergeht. Sie standen zehn Jahre im Rampenlicht, tolle Auftritte, toller Verdienst, und plötzlich haben sie nichts mehr. Sie enden dann nach einer großen Karriere als Orchesterwart, Schließer oder Komparse. Das ist wirklich gnadenlos.

Ich erinnere mich an einen Dreh, ich war etwa neunzehn Jahre alt und spielte die Hauptrolle in dieser Produktion. Eine Schauspielerin, sie war Ende fünfzig, bekam eine kleine Rolle, drei Drehtage. Sie spielte eine Haushälterin. Ich kannte sie aus Filmen von früher, eine bildschöne Frau, die natürlich immer die besten Hauptrollen bekam und nur mit großen Regisseuren arbeitete. Nun spielte sie in einer ganz anderen Kategorie, eine kleine Nebenrolle, um die sie auch noch betteln musste. Ich spürte ihre Fassungslosigkeit, wie sie dastand, ungeschminkt, in einer Kittelschürze. Nicht mehr umschwärmt und begehrt zu sein, das war ein großes Problem für sie. Nicht Konkurrenz, Neid und Missgunst, es war eher Traurigkeit, die sie ausstrahlte, das Wissen darum, dass die großen Zeiten für sie vorüber waren. Da wurde mir erstmals klar, dass ich eine solche Situation um jeden Preis vermeiden will und mich deshalb schon früh um eine Alternative kümmern muss. Ich will so einen Druck nie aufbauen, sondern werde mich, wenn es so weit ist, beruflich verändern und vielleicht eine Schauspielagentur übernehmen.

Für viele Schauspieler wäre es vielleicht schwierig, plötzlich Dienstleister zu sein, im Büro zu sitzen, Gagen und tolle Rollen für andere auszuhandeln. Das ist für mich kein Problem, ich habe ein gutes Organisationstalent und weiß, worauf es in diesem Bereich ankommt. Im Gegenteil, mir wird das Spaß machen, ich plane immer alles gut voraus, ich brauche immer etwas Zeit, um mich auf die Dinge einzustellen. Plötzliche Änderungen mag ich gar nicht.

So wusste ich auch mit achtzehn schon, wie mein Leben verlaufen soll, auch wie ich beerdigt werden möchte. Es soll einen Ort geben, an den meine Enkel kommen können und wissen, dort ist ihre Großmutter. Auf keinen Fall möchte ich in einem Sarg begraben werden. Die Vorstellung, von Würmern und Käfern aufgefressen zu werden, finde ich schrecklich. Ich möchte, dass meine Urne auf einem schönen Friedhof in Berlin-Charlottenburg bestattet wird. Dort stehen die Urnen über der Erde in einem Kästchen wie in einem Briefkasten.

Mit der Endlichkeit habe ich mich früh beschäftigt, denn meine Großeltern starben, als ich noch sehr jung war. Schon als Kind dachte ich, der Tod ist nicht schlimm, aber das Altwerden, das Sterben. Eine meiner Großmütter starb an Krebs, es ging zwar schnell, aber sie hatte große Schmerzen. Die andere Großmutter war lange ein Pflegefall, das war eine schlimme Situation für die Familie. Mein Großvater hingegen schlief einfach ein und wachte nicht mehr auf. Diesen Tod würde ich gern erben.

Ich erinnere mich an ein Ereignis während eines Drehs. Ich spielte in »Hagedorns Tochter« mit Hansjörg Felmy. Wir machten Aufnahmen in einem Krankenhaus. Dort lag eine Frau, der man ansah, dass sie als junge Frau unglaublich schön gewesen sein musste. Nun war sie über achtzig, alt und verwelkt. Das berührte mich in diesem Moment sehr. Und ich bekam Angst. Auch ich werde verwelken, verblühen. Ich sehe keine Vorteile im Alter. Auch meiner Mutter fällt dazu nichts wirklich Positives ein, außer dass man vielleicht etwas gelassener wird, mehr Lebenserfahrung hat, schwierige Situationen routinierter meistert.

Ich hoffe, im Alter so viel Energie zu haben wie meine Großmutter. Auch als alte Frau war sie toll, hatte eine ungeheure Lebensfreude. Sie war ganz dick, ein richtiger Kugelblitz, etwa 1,55 Meter groß und ebenso breit. Das Alter konnte ihr nichts anhaben, sie war so energiegeladen, fuhr noch mit einer Schwalbe, einem alten DDR-Moped, herum, bis sie an Krebs starb. Die andere Großmutter hingegen klagte immer. So blöd ich das Älterwerden auch finde, ich hoffe, ich erhalte mir eine solche Lebensfreude wie die »Kugelblitzoma«.

Vor kurzem traf ich im Krankenhaus eine Frau, wir lagen im selben Zimmer. Sie war eine schlanke, drahtige Person, und als wir beide gleichzeitig unsere OP-Hemdchen anzogen, sah ich, dass sie ein Tattoo auf dem Rücken hat. Sie hatte es sich zum fünfundsiebzigsten Geburtstag geschenkt, es war das chinesische Zeichen für Kraft, inzwischen war sie fast achtzig. Diese alte Dame beeindruckte mich sehr. Sie hatte eine Woche Heilfastenwandern hinter sich, und mit achtundsiebzig machte sie ihren ersten Langstreckenlauf, immerhin zehn Kilometer – in einer Stunde achtzehn Minuten. Sie erzählte mir von ihrem Mann, der acht Jahre jünger sei, aber gefühlte zwanzig Jahre älter. Er sei so ein stummer Mann, so ruhig, alles sei ihm zu anstrengend. Ich glaube, Frauen haben oft mehr Energie als Männer.

Wir leben hier in einem kleinen Ort in der Nähe von Berlin in einem Mehrgenerationenhaus, zusammen mit meinen Eltern, meiner Schwester Gerit, ihrem Mann und unseren Kindern. Hier im Ort gibt es ein Altenheim und einen Kindergarten, ganz nah beisammen. Das ist gut. Die alten Leute kochen, solange sie können, für sich selbst und für die Kinder mit. Die dreitausend Menschen, die hier im Ort leben, sind alle sehr verbunden. Es ist schön, dass es immer mehr solche »Jung und Alt«-Wohnkonzepte gibt, aber traurig, dass man erst wieder lernen muss, sich umeinander zu kümmern.

Ich bin eine vehemente Verfechterin der Großfamilie. Dass der Zusammenhalt bei den meisten immer mehr verlorengeht, finde ich sehr schade. In dieser Konsum- und Ellbogengesellschaft denkt jeder nur an sich. Wir haben im Laufe der Jahrzehnte verlernt, füreinander da zu sein. Unsere Familie tut mit dem Zusammenleben mehrerer Generationen, die sich in jeder Situation gegenseitig helfen können, nichts anderes, als bei den Urvölkern selbstverständlich war. Wir haben das große Glück, uns alle gut zu verstehen. Das ist ja nicht in allen Familien so. Natürlich haben wir auch unsere Streitereien, und die Türen knallen manchmal. Doch die Vorteile überwiegen bei weitem. Meine Schwester und ich könnten als Schauspielerinnen sonst gar nicht so arbeiten wie jetzt. Wenn wir drehen, gibt es ja keine normalen Arbeitszeiten. Bis achtzehn Uhr ist eine Babysitterin hier, dann bringen die Großeltern die Kinder ins Bett. Demnächst ist meine Schwester sechs Wochen auf Tournee. Mit einem schulpflichtigen Kind wäre das eigentlich gar nicht möglich. Doch ihr Sohn ist hier gut aufgehoben, in seiner vertrauten Umgebung, bei uns allen. Unsere Kinder wachsen ohnehin wie Geschwister auf. Diese Lebensform finde ich toll, es ist für alle Generationen ein Gewinn. Und unsere Kinder werden ganz sicher keine egoistischen Einzelwesen, weil sie automatisch lernen, dass sie nicht immer im Mittelpunkt stehen. Sie müssen auch mal warten.

Beruflich mussten meine Mutter und meine Schwester sich allerdings trennen. Das Verhältnis Mutter/Tochter und gleichzeitig Managerin/Schauspielerin wurde zu eng. Es funktionierte nicht, weil sie sich in einigen Dingen sehr ähnlich sind. Sie konnten sich nicht mehr über etwas so Banales wie Kochrezepte unterhalten. Immer ging es um Drehbücher und Verträge. Das war für alle Beteiligten einfach zu anstrengend. Um die Familie zu retten, mussten sie etwas ändern, Gerit hat nun eine andere Agentin.

Seit zehn Jahren leben wir so zusammen, und es läuft sehr gut. Meine Schwester und ich wohnten vorher in Berlin und dachten schon darüber nach, eine große gemeinsame Wohnung oder ein Haus zu nehmen. Wenn schon Dorf, dachte ich, dann nicht irgendeines, sondern das, wo wir aufwuchsen, das wir gut kennen. Als wir bei meinen Eltern waren, sagten wir dem Nachbarn, halb im Spaß, wenn er verkaufen wolle, solle er an uns denken. Und tatsächlich hatte er sein Haus gerade einen Tag zuvor einem Makler übergeben. Wir besichtigten es, unten war alles schon renoviert, der erste Stock hatte noch den schönen alten Ostcharme, das Dachgeschoss war noch gar nicht ausgebaut. Es gab viel zu tun, aber wir waren uns einig. Wir rissen den Zaun zwischen den Grundstücken ein, und inzwischen genießen wir es alle sehr, so zusammen zu sein. Auch wenn es mal kracht, wir sind immer wieder froh, dass wir uns haben.

Ingrid Bachér,
Schriftstellerin, 76 Jahre

Ich will das Alter nicht verpassen

In Italien begann ich über das Alter zu schreiben, da war ich einundsiebzig und bildete mir ein, schon viel davon zu wissen. Sechs Monate lang schrieb ich Tagebuch, notierte Beobachtungen, Erinnerungen, Gespräche, immer im Hinblick auf dieses Thema, und begriff, dass ich einiges zu lernen hatte.

Begonnen hatte es damit, dass ich in Tarquinia die Etruskergräber besuchte und begeistert die Fresken betrachtete, welche die Wände der Grabkammern schmückten. Der heitere Umgang mit Leben und Tod, wie er sich in diesen Bildern zeigte, brachte mich zu der Überlegung, dass damals wie heute jeder Einzelne in seinem Verhältnis zu Alter und Tod von den Vorstellungen der Gesellschaft geprägt wird, zu der er gehört. Und ich fragte nach unseren Vorstellungen und den Möglichkeiten, diese zu verändern, damit wir zu einem würdigeren Leben kommen. Das war der Ausgangspunkt für mein Tagebuch einer Annäherung an das Alter, das dann unter dem Titel »Sieh da, das Alter« erschien.

Der Titel kommt leicht, fast ein wenig flapsig daher. Das Alter wird begrüßt. Es ist unausweichlich. Da bist du also, lass dich ansehen, beschreiben, abwägen, damit ich erkenne, was es für mich und für andere bedeuten kann, alt zu werden, zum Ende hin zu gehen, immer deutlicher des Abschieds gewiss. Abschied von einer Welt, die so triumphierend vielfältig üppig um uns herum ist und so auch wahrgenommen werden will, wie vor mehr als 2500 Jahren die Etrusker ihre Welt wahrnahmen.

Schon früher, da wurde ich gerade vierzig, beschäftigte mich das Alter. Das war, als ich Simone de Beauvoirs Buch »Das

Alter« las. Ich freute mich darauf, mit meiner Mutter darüber zu reden, gespannt, was sie mir dazu sagen würde. Sie war damals so alt, wie ich es jetzt bin. Doch sie antwortete mir nur lapidar: »Damit habe ich keine Schwierigkeiten.« Es schien ihr offensichtlich nicht notwendig, darüber zu reden, und ich habe nicht weiter nachgefragt. Jetzt würde ich das tun. Ich würde auch mit ihr darüber sprechen wollen, wie man sein Leben formt, es inszeniert, so dass der letzte Akt noch einmal deutlich macht, warum das Stück gegeben wurde. Wir alle spielen verschiedene Rollen in unserem Leben, und hat man das Glück, alt zu werden, so übernimmt man am Ende die Rolle des alten Menschen. Es erscheint mir gut zu sein, diese dann so vortrefflich wie möglich auszufüllen und nicht zu versuchen, noch immer etwa die jugendliche Liebhaberin zu geben. Es irritiert mich, wenn mich jemand als »jugendlich« oder »jung geblieben« beschreibt. Ich bin so alt, wie ich bin, und möchte mein Alter nicht verpassen, sondern erkennen, was es mir an Neuem bringt. Da will ich genau sein, wie beim Schreiben. Nicht mogeln. Zur Sache kommen. Auch wenn die Kraft des Körpers nachlässt, so haben wir ja noch Phantasie und Willen und den Geist, der uns unterhält, auch wenn der Körper streikt.

Gewiss, je älter man wird, umso mehr braucht es Mut, um die Todesnachrichten von Freunden und das eigene langsame Verschwinden aufrecht zu ertragen. »Das Alter ist nichts für Feiglinge«, diesen Ausspruch der amerikanischen Schauspielerin Mae West habe ich oft im Sinn. Und dazu auch eine Zeile von Jim Morrison: »Wir sind nicht gemacht, um zu überdauern.« Das ist wie ein Aufruf, sich seiner Situation bewusst zu werden, intensiv zu leben, Anteil zu nehmen und zu lieben, selbst wenn es vergeblich erscheint. Um Lohn braucht es uns im Alter nicht mehr zu gehen. Das Alter trägt den Fluch, keine Zukunft mehr zu haben. Doch es hat zugleich einen unschätzbaren Gewinn: ein Reservoir an Erinnerungen und Erfahrungen und die Möglichkeit zur Distanz. Wir müssen uns nicht mehr kleinlich verzetteln, sondern können – da wir uns entfernen – wie von weitem größere Zusammenhänge erkennen. Und da das Ende absehbar ist, kann sich die Lust am Leben verstärken. Es ist wie mit dem Licht, das sich zum Ende des Tages hin intensiviert. Glühender in der Farbe, liegt es auf den Häusern der Stadt, bevor es sich uns entzieht.

Ich bemerke, mein Verständnis des Alters verändert sich ständig, ebenso wie das Verhältnis zu anderen Menschen. Als ich fünfundsechzig war, erschienen mir Freundinnen gleichaltrig, auch wenn sie viel jünger waren. Jetzt bemerke ich den Unterschied. Dafür sind mir die Freunde meiner eigenen Generation nun besonders nah. Wir erkennen uns an unseren gemeinsamen Erinnerungen. Da war das Massenmorden, der Krieg, Armut und Not, Verrat und Hilfsbereitschaft. Und die gemeinsam verbrachte Zeit danach, als wir glaubten, die Welt würde sich zum Besseren für alle Menschen verändern, und wir wollten daran mitwirken.

Vieles hat sich tatsächlich verändert. Aber manches, was alte Menschen betrifft, nicht immer zum Guten. Für viele wird nur gerade so gesorgt, dass sie abhängig sind und sich ohnmächtig fühlen, einem bürokratischen System unterworfen, das sie einengt und das sie doch nicht beeinflussen können, weil es anonym agiert. Wer arm und alt ist, der hat kaum noch Spielraum, etwas Eigenes mit Gewinn zu entwickeln. Sicherheit wird in Frage gestellt und so Angst geschürt. Beruhigung soll bezahlt werden. Wenn ich an den kleinen Medizinschrank im Badezimmer meiner Großeltern denke, wundert es mich immer, wie viele verschiedene Medikamente jetzt verschrieben werden können und wie groß unsinnigerweise der Vorrat davon auch in meinem Haushalt ist. Dabei wissen wir doch, viel notwendiger wäre in manchen Fällen eine Umarmung, die aufmerksame Nähe eines anderen Menschen. Kinder nimmt man oft in den Arm, alte Menschen selten, obwohl über die Jahre das Verlangen nach Zärtlichkeit gleich bleibt. Als meine Muter starb, blieb mir nur, sie zu streicheln. Worte erreichten sie nicht mehr.

Ich bin mir bewusst, dass ich in einer begünstigten Situation bin; als Schriftstellerin nirgendwo angestellt, kann ich selbst bestimmen, wie lange und ob ich arbeite. Ich wurde nicht pensioniert – und mir erscheint dieses zwangsweise Entlassenwerden aus einer Arbeit auch fragwürdig. Wir haben uns angewöhnt zu tun, als sei es nicht natürlich zu arbeiten. Dabei ist der Mensch vom Ursprung her ein handelndes Geschöpf, und Arbeit ist etwas Normales, nicht etwa eine Zumutung, wie es lange Zeit in der Überfluss-Gesellschaft gelehrt wurde. Für manche mag es gut sein, sich von einem anstrengenden Arbeitsleben auszuruhen. Andere aber suchen sich jenseits ihres gelernten Berufes noch Herausforderungen.

Doch es gibt viele alte Menschen, die als Rentner ein auffallend reduziertes Leben führen, oft durch Fürsorgeprogramme dazu genötigt, die merkantil gesteuert werden. Und so gibt es denn auch auf unseren Straßen immer öfter Menschen, die einen kleinen Wagen vor sich her schieben, eine Gehhilfe, die ihnen zusteht. Viele scheinen sie noch nicht nötig zu haben, aber sie helfen sich trotzdem damit, nicht ahnend, wie alt diese vorgebeugte Haltung zum Wägelchen hin sie erscheinen lässt. Alter wird so als Behinderung zum Ausdruck gebracht. Wie elegant war dagegen früher doch der Gehstock. Damit ging man als alter Mensch aufrecht und ertrug vielleicht auch das Altwerden besser. Ohne Selbstmitleid, nicht als Konsument umworben, sondern als Mitbürger geachtet.

Schmerz und Leid kann man nicht kleinreden, da gibt es nichts zu beschönigen, sie können unerträglich sein und fordern uns heraus, eine Haltung zu entwickeln, die es uns ermöglicht, damit zu leben. Das, was Menschen lernten und erfanden, wurde ja stets durch die Erfahrung von Lust und Schmerz entwickelt. »Es gibt nichts Ganzeres als ein zerbrochenes Herz«, heißt es im Arabischen.

Wenn ich einem jungen Menschen sagen sollte, was das

Alter ist, so würde ich lachen und sagen: Warte es ab. Für dich ist es ein noch fernes Land, von weitem vielleicht erschreckend, weil du Rufe hörst, die du nicht verstehst. Aber wer in ihm lebt, hat ganz andere Aussichten und ahnt mehr, als er äußern kann, von dem, was Leben ist. Vielleicht wirst auch du es erfahren.

Shakunthala C.,
ehemalige Lehrerin, 63 Jahre

Ich liebe das Meer

Als ich im Alter von siebenundzwanzig Jahren nach Deutschland kam, verließ ich während der ersten drei Monate die Wohnung nicht. Alles war fremd und machte mir Angst. Ich hätte mir nie vorstellen können, hier alt zu werden. Mein Mann hatte in Indien und Deutschland Maschinenbau studiert und in Berlin promoviert. Er kam danach zurück nach Indien, wir heirateten, und nach einigen Jahren bekam er das Angebot für eine Stelle in Deutschland, wo dringend Maschinenbauspezialisten gesucht wurden.

Ich folgte ihm mit unseren beiden Töchtern, eine war knapp zwei Jahre, die andere acht Monate alt. Wir wollten zunächst nur drei oder vier Jahre bleiben, so lange bis die Kinder ins Schulalter kamen. Die Mädchen gingen in den Kindergarten und fühlten sich dort sehr wohl, dann rückte der Termin für die Einschulung näher, und wir dachten, gut, lassen wir sie noch hier auf die Grundschule gehen, denn der Arbeitsmarkt und die wirtschaftliche Situation in Indien waren zu diesem Zeitpunkt sehr schlecht.

Mir war es immer sehr wichtig, dass die Mädchen eine gute Schulausbildung bekommen. Auch ich hatte in Indien die Schule besucht und studiert und als Lehrerin an einer Schule gearbeitet. Mein Vater war in dieser Hinsicht sehr fortschrittlich. Es war und ist nach wie vor in meiner Heimat nicht selbstverständlich, Mädchen eine Ausbildung zukommen zu lassen. Meinen Mann habe ich mir dennoch nicht selbst ausgesucht, dies taten meine Eltern, wie es in Indien üblich ist, und ich verließ mich ganz auf sie. Ein zukünftiger Ehemann muss viele Ansprüche erfüllen, Kaste, Religion, Stamm, er muss in der Lage sein, eine Familie zu ernähren. Ich hatte das Glück, dass er, da ich gut ausgebildet war und ein Diplom hatte, auch einem bestimmten Bildungsniveau entsprechen musste.

Als wir 1971 nach Deutschland kamen, erlitt ich einen Kulturschock. Mein Mann hatte mir zuvor schon Stiefel, einen dicken Wintermantel und warme Kleidung für die Kinder nach Indien mitgebracht. Ich konnte mir damals nicht vorstellen, jemals so etwas zu tragen. Bei uns herrschten tropische Temperaturen, es schien undenkbar, solche Kleidung anzulegen. Es war März, und während der Reise spürte ich vor lauter Aufregung die Kälte nicht, bis wir in der gut geheizten Berliner Wohnung ankamen. Am nächsten Morgen ging ich dann hinunter auf die Straße – im Sari und mit leichten Schuhen. Ich war wie gelähmt vor Kälte, es war kaum auszuhalten. Also entschloss ich mich, so lange nicht mehr vor die Tür zu gehen, bis diese eisigen Temperaturen vorbei waren.

Wenige Tage nach unserer Ankunft wusch ich Wäsche und hängte sie auf dem Balkon zum Trocknen auf. Am nächsten Tag war alles steif wie ein Brett. Ich rief verzweifelt meinen Mann an und erzählte ihm, dass etwas Schlimmes passiert sei. Er lachte und erklärte mir, dass die Wäsche gefroren sei. Das war mir natürlich sehr peinlich. Auch das europäische Essen war mir völlig fremd. Mein Mann brachte mir zum Frühstück Toastbrot und Marmelade, damit konnte ich nichts anfangen. Butter bekam ich gar nicht hinunter. In Indien backt man schon morgens Maisbrot und isst Curry.

Erst im Juni, als es wärmer wurde, verließ ich die Wohnung wieder. Mit Befremden sah ich eng umschlungene Paare auf der Straße – undenkbar in meiner Heimat. Als ich das erste Mal in einem Kaufhaus war und das große Angebot an Nahrungsmitteln sah, konnte ich gar nichts einkaufen. Die riesigen Fleischberge erinnerten mich an Kannibalismus. Nach und nach fand ich dann indische Gewürze und konnte kochen, wie ich es gewohnt war.

Als wir zehn Jahre in Deutschland gelebt hatten, inzwischen

war noch eine dritte Tochter zur Welt gekommen, starb mein Mann nach einer schweren Krankheit. Ich war siebenunddreißig und musste ganz von vorn anfangen. An diesem Punkt meines Lebens spürte ich zum ersten Mal das Alter, ich glaubte, ebenfalls bald sterben zu müssen, und fühlte mich vollkommen überfordert. Meine Kinder waren sechs, elf und zwölf Jahre alt, ich war nun allein für sie verantwortlich und wusste nicht mehr weiter. Ich hatte entsetzliche Angst vor der Zukunft.

Mein Traum war es, endlich nach Indien zurückzukehren, aber ich wollte meinen Töchtern die Möglichkeit einer guten Ausbildung in Deutschland nicht nehmen. In meiner Heimat haben Witwen keinerlei Rechte, ja nicht einmal Einfluss auf die Erziehung der eigenen Kinder. Die Tradition hätte es vorgeschrieben, dass ich zu meinen Schwiegereltern zog, die ich nur von wenigen Begegnungen kannte. Sie waren sicher liebe gute Menschen, aber ich hatte Angst, dass sie meine Töchter schon als zwölf- bis fünfzehnjährige Mädchen verheiraten würden. Meine Schwägerinnen waren nicht zur Schule gegangen. Hätte mein Vater noch gelebt, wäre es möglich gewesen, sich über die Tradition hinwegzusetzen, ich wäre mit meinen Kindern bei ihm untergekommen. Doch er war bereits 1980 gestorben, ein Jahr vor meinem Mann.

Ich war also gezwungen, unser Leben selbst in die Hand zu nehmen. Und ich tat es. Ich lernte endlich besser Deutsch und gab Kurse über Indische Küche in der Volkshochschule. Einige Freundinnen ermutigten mich außerdem, Yoga-Kurse zu geben, und ich schrieb ein Buch über Babymassage. Mein Mann hätte mir niemals zugetraut, dass ich das alles allein schaffen würde, und es überraschte auch mich selbst.

1988 sagte eine meiner Töchter zu mir: »Du bist jetzt fünfundvierzig, du musst etwas für deine Altersversorgung tun.« Da erst wurde mir dieses Problem bewusst. Ich fragte beim Schulamt an, ob sie etwas für mich tun könnten. So wurde ich als Hausaufgabenhilfe zunächst für drei Stunden am Nachmittag eingestellt. Ich unterrichtete wieder.

Nach wie vor bedeuten meine Kinder und nun auch meine Enkel mir alles. Am liebsten würde ich mit allen unter einem Dach leben, in einer Großfamilie, wie es in Indien üblich ist. Doch das ist hier in Deutschland nur schwer zu realisieren. Dennoch habe ich sehr viel Kontakt zu meinen Töchtern und meinen Enkeln. Mir ist es wichtig, sie zu begleiten, mit ihnen zu lachen. Auch meinen Freundeskreis pflege ich. Ich habe gelernt, eigenständig zu werden und auch etwas für mich zu tun.

Eine zweite Heirat wäre für mich nie in Frage gekommen. In dieser Hinsicht bin ich sehr tief in der indischen Tradition verwurzelt, die vorschreibt, dass Witwen keine neue Beziehung eingehen. Zwar hat sich dies inzwischen geändert, und junge Witwen dürfen noch einmal heiraten, um versorgt zu sein, doch ich hatte nie das Bedürfnis, noch einmal einen Partner zu haben.

Ich hatte so viel geschafft und dachte, ich sei unverwüstlich, bis ich eines Tages Übelkeits- und Schwindelanfälle bekam und der Verdacht auf einen kleinen Herzinfarkt festgestellt wurde, ganz genau konnte man es nicht herausfinden. Nach dieser Diagnose verfolgte mich ein halbes Jahr lang die Angst zu sterben. In Indien ist der Tod etwas ganz Selbstverständliches, er ist immer präsent. Die Inder verstehen ihr Leben als eine fragile dünne Luftblase unter vielen. Wenn sie zerstört wird, kommt nach der Karmalehre etwas Neues. Der lange Aufenthalt hier in Europa hat mich wohl geprägt, ich hatte mich von dieser Vorstellung entfernt, ich fand mein Leben schön und wertvoll, ich wollte nicht sterben.

Als ich in den Vorruhestand kam, freute ich mich auf die viele freie Zeit ohne Termindruck, die ich mit meinen Enkeln verbringen würde, ich wollte ein Kochbuch und ein Märchenbuch schreiben. Doch vor einem Jahr erkrankte ich auf beiden Augen an grünem Star. Erhöhter Blutdruck und Diabetes kamen noch hinzu. Seither muss ich regelmäßig Medikamente nehmen – Seniorengebäck nennt ein Bekannter das – und fühle mich sehr abhängig. Früher war ich problemlos fünfzehn Stunden mobil. Dass ich nun nicht mehr so unbeschwert leben kann, verunsichert mich. Ich hatte Angst, mein Augenlicht zu verlieren, und schloss eine Pflegeversicherung ab, um im Notfall unabhängig zu bleiben. Meine Selbständigkeit ist mir sehr wichtig.

In Deutschland haben viele Menschen Angst, im Alter einsam zu sein, vor allem wenn sie keine Familie haben. Ich erlebe, dass viele ältere Menschen mit ihrem Schicksal hadern, sie denken, sie hätten in ihrem Leben etwas verpasst, das nicht mehr aufzuholen sei. Sie glauben, sie hätten nur dieses eine Leben und haben es womöglich ungenutzt verstreichen lassen. Das ist bei meiner Religion nicht so, ich glaube an die Wiedergeburt, das verschafft mir mehr Gelassenheit. Für mich ist das Altern ein ganz natürlicher Prozess, ich bin zufrieden und dankbar und glaube, dass Gottheiten über uns wachen.

Inzwischen fühle ich mich in Deutschland zu Hause und möchte nicht mehr zurück nach Indien. Dennoch gibt es immer wieder Situationen, in denen ich spüre, wie tief meine Kultur in mir verankert ist. Früher wurden Witwen verbrannt, heutzutage ist es Tradition, dass sie sich zum Zeichen ihrer Trauer von etwas Wertvollem trennen, indem sie sich die Haare abrasieren. Ich habe das direkt nach dem Tod meines Mannes nicht getan, aber nach einigen Jahren spürte ich, dass mich etwas quälte, und ließ meine Haare nachträglich abschneiden. Es fiel mir nicht schwer, denn Äußerlichkeiten sind mir insgesamt nicht wichtig. Ich benutze nie Make-up, nur ein bisschen Lippenstift, aber ich mag schöne Kleidung und Schmuck.

Ich hatte ein erfülltes Leben, doch einen Traum habe ich noch: Ich würde gern am Meer leben. Eine kleine Hütte oder ein Zelt würden genügen. Ich liebe das Meer schon seit meiner Kindheit. Es flößt mir Respekt ein, es ist so mächtig und ich dagegen so klein, das erinnert mich daran, dass wir alle in unserem Leben einen bestimmten Platz haben.

Hanne Schweitzer, Journalistin, Büro gegen Altersdiskriminierung

Ich durchschaue heute mehr als früher

Ich gebe keine Auskunft über mein Alter, man wird dann gleich in eine Schublade gesteckt. Diese ständigen Fragen nach dem Alter sind ohnehin etwas, das nur im deutschen Journalismus vorkommt. In Amerika, England und Frankreich gibt es das nicht. Da steht der Mensch und das, was er getan oder gelassen hat, im Mittelpunkt des Interesses.

Hierzulande scheint man mit zunehmendem Lebensalter kein vollwertiges Mitglied der Gesellschaft mehr zu sein, es sei denn, man ist reich oder prominent. Die Frauen dürfen ihren Mann zwar bis zum Tod pflegen, danach müssen sie aber sehen, wie sie selbst über die Runden kommen. Oft sind die Frauen später, wenn sie selbst Unterstützung brauchen, desinteressierten und unterbezahlten Pflegekräften ausgeliefert.

In den USA habe ich einen ganz anderen Umgang mit dem Alter erlebt. Die Menschen haben dort ein viel größeres Selbstbewusstsein. Die Teilnahme am gesellschaftlichen Leben ist für Alte selbstverständlich. Sie haben einen völlig anderen Status und sind auch nicht wie hier altersfeindlichen Vorurteilen ausgesetzt.

1995 habe ich mich erstmals beruflich mit dem Thema Alter beschäftigt: Ich schrieb einen Seniorenführer für Köln. In einem Kapitel wollte ich Altersheime vorstellen. Dafür habe ich einen Fragenkatalog erarbeitet, denn ich wollte, ähnlich wie bei Hotelführern, Sternchen für die Qualität vergeben. Aber als ich fragte, wie viele Einzel- oder Doppelzimmer es gibt, ob man eigene Möbel mitbringen darf oder den Wellensittich, ob man einen Briefkasten hat oder den eigenen Arzt behalten kann, erhielt ich von vielen Heimen entweder nur widerwillig oder überhaupt keine Auskunft. Manchmal wurde sogar der Hörer aufgelegt, wenn ich nach dem Preis fragte. Bei so wenig Transparenz, das weiß man als Journalistin, liegt etwas im Argen. Mir wurde klar, darum muss man sich kümmern. Es geht ja auch um die eigene Zukunft. Wer nicht jung stirbt, wird alt.

1999 gründete ich deshalb mit Freunden zum ersten Mal in meinem Leben einen Verein, das »Büro gegen Altersdiskriminierung«, mit Vorstand und dem ganzen Drumherum. Unser Einstieg in die Vereinsarbeit war im Jahr 2001 die Planung und Realisierung des ersten bundesweiten Beschwerdetags zum Thema Altersdiskriminierung. Weil uns die Politiker immer gesagt hatten, dass es hierzulande keine Altersdiskriminierung gibt, wollten wir den Beweis für unsere Behauptung antreten. Wir mieteten eine Telefonhotline, und da wir überhaupt kein Geld für unser Projekt hatten, waren wir froh, als uns von einem Fernsehsender und verschiedenen anderen Institutionen kostenlos Telefone zur Verfügung gestellt wurden, auf die wir die Telefonnummer schalten konnten. Schließlich riefen so viele Leute an, um sich über Altersdiskriminierung zu beschweren, dass bereits um zehn Uhr alle Leitungen zusammengebrochen waren. Viertausend Menschen versuchten die Hotline zu erreichen, 1600 Beschwerden haben wir dann ausgewertet. Fast alle gesellschaftlichen Bereiche waren betroffen. Banken, Versicherungen, Pflege und Gesundheitsversorgung, ehrenamtliche Arbeit. Die allermeisten Beschwerden bezogen sich aber auf das Arbeitsleben und das miserable Image älterer Menschen. Der Beschwerdetag hat geholfen, Altersdiskriminierung als Thema in die Öffentlichkeit zu bringen. Das war unser Ziel, und das haben wir erreicht.

Altersdiskriminierung findet täglich statt. Ein besonders drastisches Beispiel ist Vögelsen. Dieser Ort bei Lüneburg hat achthundert Einwohner. Als auf einem Grundstück der Bau von Seniorenwohngemeinschaftshäusern geplant wurde, gründeten die Einwohner von Vögelsen eine Bürgerinitiative, die das verhindern will. Sie befürchten eine Wertminderung ihrer Grundstücke. Das kennt man ja schon von Asylantenheimen oder forensischen Kliniken, mittlerweile gilt es aber offenbar auch für Senioren. Auch Versicherungen diskriminieren. Sie setzen eine Altersgrenze fest und schließen dann entweder keine Verträge mehr ab oder verdreifachen die Beiträge. Stellenanzeigen mit Altersbegrenzung sind seit 2006 gesetzlich verboten, sie erscheinen aber immer noch, sogar bei staatlichen Einrichtungen wie der Arbeitsagentur. Banken gewähren älteren Menschen oft nur dann Hypotheken, wenn die Kinder mit unterschreiben. Das ist Entmündigung. Aber auch EC-Karten werden eingezogen und der Dispo ohne Vorankündigung nach der ersten Rentenauszahlung reduziert. Oft rufen die Leute dann im »Büro gegen Altersdiskriminierung« an und sind völlig fassungslos. Jahrzehnte waren sie gute Kunden bei ihrer Bank, und nun erhalten sie nicht mal einen Kredit, um einen neuen Kühlschrank zu finanzieren.

Es ist wichtig, sich gegen solche Unverschämtheiten zu wehren. Ältere Leute sind keine Bürger zweiter Klasse! Deutlich zu sagen: »Ich werde diskriminiert!« ist oft schon der erste Schritt zur Gegenwehr, gerade weil ich oft erlebe, dass viele vor diesem Begriff zurückschrecken. Wir sprechen lieber von Diskriminierung wegen des Lebensalters, als von Altersdiskriminierung. Denn die Vierundzwanzigjährige, die einen Job nicht bekommt, weil sie als zu jung gilt, oder die Dreißigjährige, die studieren will, aber aufgrund ihres Alters nicht mehr in die studentische Krankenversicherung hineinkommt, wird ebenso ungleich behandelt wie eine Achtzigjährige, die von der gesetzlichen Krankenkasse keine Mammographie mehr bezahlt bekommt.

Für die kommenden Generationen wird sich die Situation verschlechtern. Die Altersarmut nimmt zu, die Zweiklassenmedizin wird ausgebaut, die Lebenshaltungskosten steigen, der Bestandsschutz z.B. in der Rentenversicherung ist nichts mehr wert, und der Druck, im Alter länger arbeiten zu müssen, wird zunehmen. Die heute Vierzig-, Fünfzigjährigen glauben aber, das alles betreffe sie nicht, und wenn, dann läge es noch in weiter Ferne. Aber man ist schneller sechzig, siebzig oder neunzig, als einem lieb ist.

Mein erstes Erlebnis mit Altersdiskriminierung hatte ich bei der Entbindung meines Sohnes. Die Krankenschwester sah mich und sagte: »O Jesses, wenn Kinder Kinder kriegen.« Ich war neunzehn. Mit vierunddreißig galt ich dann als zu alt, um einen Nachwuchspreis für Journalisten zu erhalten. Beide Situationen habe ich aber erst viele Jahre später als Diskriminierung erkannt.

Im Alter gelassener zu werden, ist sehr angenehm. Man löst Probleme leichter, beinahe ohne es zu registrieren, ganz selbstverständlich. Das verblüfft mich manchmal. Andererseits wird das Leben auch langweiliger. Etwas richtig Neues passiert sehr selten, und vor allem durchschaut man ja auch viel mehr als früher.

Alle zwei Jahre verleiht unser Verein die »Goldene Falte« für einen positiven, überraschenden Beitrag zum Thema Alter. Im ersten Jahr ging der Preis an eine Drogeriemarktkette, die mit einer ungewöhnlichen Großplakatserie warb. Darauf waren nicht die üblichen Models zu sehen, sondern zwei alte Ladys. Sie schwammen mit Badekappen aus den fünfziger Jahren in einem Pool, und unter dem Foto stand: »Wimperntusche, 2,50«.

Im letzten Jahr hat der Statistikprofessor Gerd Bosbach den Preis bekommen. Er prüft all die Zahlen, mit denen bei der Debatte um den demographischen Wandel operiert wird, und er argumentiert gegen die Horrorszenarien einer kinderlosen, vergreisenden Gesellschaft.

Mir ist es ein Rätsel, warum sich die vielen älteren Leute nicht zusammentun, um etwas gegen den Abbau des Sozialstaats zu unternehmen. Sie haben schließlich jahrzehntelang in die Kassen eingezahlt. Bislang gibt es aber keine Solidarität, eine generationenübergreifende schon gar nicht. Jeder kocht sein eigenes Süppchen. Dabei kann ich den Ruhestand im Grab noch lange genug haben. Nur weil ich einen bestimmten Geburtstag gefeiert habe, bin ich doch nicht plötzlich ein anderer Mensch!

Wir sind alle zu passiv, zu brav und zu angepasst. Viele verbringen Stunden vor dem Fernseher, sie lassen sich von morgens bis abends berieseln. Wichtig wäre eine Zeitung, die die Lebenssituation älterer Menschen aufgreift. Dazu gehört die gelebte Vergangenheit genauso wie die Veränderungen, die das Älterwerden mit sich bringt. Die Geschichte von Brecht über die unwürdige Greisin, die mit siebzig ein neues Leben anfängt, würde ich in jeder Ausgabe auf Seite eins abdrucken.

Das von den Medien vermittelte Bild der blendend aussehenden, fitten alten Paare auf Segelbooten oder Golfplätzen trifft nur auf die wenigsten zu. Vor kurzem hörte ich von einer alten, alleinstehenden Dame, die im Krankenhaus war. Dort sagte ihr eine Sozialarbeiterin, sie sei so krank, dass sie nicht mehr allein in ihrer Wohnung leben könne. Man versprach ihr Unterstützung, sie sollte etwas unterschreiben, ein Vormund wurde bestimmt. Als sich die alte Frau schließlich doch erholte, landete sie trotzdem im Altersheim. Der Betreuer hatte ihre Wohnung bereits aufgelost, alles war weg, sie hatte nichts mehr. Kein Foto aus ihrem Leben, kein Kleidungsstück, kein Buch. Alles war weg. Der Hintergrund ist, dass viele Pflegeheime nicht ausgelastet sind. Ein Heimleiter formulierte es so: »Uns fehlen zehn Belegungen. Ich muss entweder Personal entlassen oder Hilfskräfte auf Vierhundert-Euro-Basis einstellen.« Das ist bundesdeutsche Realität.

Ich wohne in einer sehr angenehmen Hausgemeinschaft: Sie besteht aus einer Freundin, ihrer Tochter, einigen Studenten und einer alleinerziehenden Mutter mit ihrem kleinen Sohn. Wir kennen uns, und wenn Not am Mann oder an der Frau ist, unterstützen wir uns ganz selbstverständlich.

Anfang dieses Jahres war ich zum ersten Mal in Asien, in Vietnam. Diese Reise war für mich sehr wichtig. Ich gehöre zu denen, die in den sechziger Jahren gegen den Vietnam-Krieg auf die Straße gegangen sind. Ich wollte die Orte, die ich nur aus den Nachrichten kannte, besuchen und den Menschen begegnen, für die wir uns damals engagierten.

Die Leute hier müssen endlich begreifen, dass sie sich um ein selbstbestimmtes Leben im Alter kümmern müssen. Es ist schließlich ihr Leben und ihr Alter. Bei vielen herrscht aber so eine Versorgungsmentalität. Ich merke das in der Vereinsarbeit. Oft rufen Leute an oder schicken Mails und finden es selbstverständlich, dass wir für sie etwas erledigen. Aber wir sind kein Dienstleistungsunternehmen. Wir können sie informieren, handeln müssen sie dann schon selber. Von nix kütt nix, wie man in Köln sagt.

Lilo Friedrich, Unternehmerin, ehemalige Bundestagsabgeordnete, 58 Jahre

Für Neuanfänge braucht man Kampfgeist

Als Gerhard Schröder 2005 die Bundestagswahl um ein Jahr vorzog, verlor ich nach sieben Jahren mein Mandat als Abgeordnete im Deutschen Bundestag. Im anschließenden Wahlkampf gab ich alles, ich wollte unbedingt für die SPD gewinnen. In diesem Land kann man nur etwas bewegen, wenn man sich engagiert, deshalb war ich in die Politik gegangen. Doch es nützte nichts, ich verlor meinen Wahlkreis und war als Politikerin weg vom Fenster. Dennoch blickte ich nach vorn und war mir sicher, schnell eine neue Tätigkeit zu finden.

Durch die vorgezogene Bundestagswahl fehlte mir plötzlich ein komplettes Jahr in meinen finanziellen Planungen, denn das Einkommen für diese Zeit entfiel. Bis zum Alter von fünfundsechzig muss ich noch arbeiten, weitere Abzüge kann ich mir nicht leisten. Einen Rentenanspruch haben Bundestagsabgeordnete erst nach acht Jahren.

Anderthalb Jahre zuvor hatten wir eine schöne Eigentumswohnung gekauft und viel Geld investiert. Ich war sicher, innerhalb von sieben Monaten einen neuen Job zu finden. In dieser Zeit ging es unserer Familie zwar viel besser als manchem mit Hartz IV, doch nach und nach wurde es finanziell immer enger. Das Auto konnte ich nicht verkaufen; da wir in einem kleinen Ort wohnen, bin ich darauf angewiesen. Eine größere Auszahlung der Lebensversicherung, die mir meine Existenzängste genommen hätte, erwarte ich erst im Jahr 2009. Mit jedem Monat wurde ich also nervöser, nur mein Mann blieb die Ruhe selbst. Er freute sich nach den stressigen Zeiten in der Politik auf gemeinsame Abende und das gemütliche Frühstück zu zweit. Doch meinen Vorstellungen entsprach das ganz und gar nicht. Tagsüber gelang es mir, mich abzulenken, aber nachts war ich unruhig, oft lag ich stundenlang wach. Für meine Familie wurde ich zur Zumutung, weil ich so unzufrieden mit der Situation war. Ich fühlte mich nicht ausgelastet und begann an allem rumzunörgeln.

Arbeit ist für mich ein Stück Selbstverwirklichung. Als Politikerin habe ich den Bürgern stets gepredigt, flexibel zu bleiben und dass man möglicherweise auch den Wohnort für die Arbeit wechseln müsse – das galt nun auch für mich. Ich bewarb mich im Umkreis von hundertfünfzig Kilometern bei allen möglichen Stellen. Am liebsten wollte ich im sozialen Bereich arbeiten. Ich dachte, es herrscht ein Pflegenotstand, das wäre der richtige Bereich für mich.

Früher war ich der Meinung, wer arbeiten will in diesem Land, bekommt auch einen Job. Nun erfuhr ich ganz unmittelbar, dass dem nicht so ist, zumindest nicht ab einem bestimmten Alter. Das machte mich wütend und veränderte auch mein politisches Denken. Die Wirtschaft verschwendet das Potential der Älteren. Viele der jungen Politiker werden direkt von der Universität in den Bundestag gewählt. Selbst der damalige Fraktionsvorsitzende Peter Struck ließ bei einem Antrittstreffen der SPD-Frauen durchblicken, dass wir über Fünfzigjährigen uns keine Hoffnungen auf eine große Karriere in Berlin machen könnten. Das hat mich damals sehr ernüchtert.

Natürlich ist die Jugend wichtig für unsere Gesellschaft, aber wir müssen endlich das Ende des Jugendwahns einläuten. Für mich macht die richtige Mischung aus alt und jung den Erfolg aus. Erst im Laufe des Bewerbungsverfahrens wurde mir mein Alter bewusst, nicht körperlich, aber durch die vielen Absagen. Oft folgten recht prompte Einladungen zu Vorstellungsgesprächen. Doch das war reine Neugier. Aus meinem Lebenslauf ging hervor, dass ich im Bundestag gewesen war. Man wollte sehen, wer diese ehemalige Politikerin ist, die sich nun als Verkäuferin oder Pflegekraft bewarb. Ich kam mir vor wie ein Affe im Zoo. Im persönlichen Gespräch war ich vielen zu selbstbewusst, die Vorgesetzten wollten offenbar lieber formbare zwanzigjährige Mitarbeiterinnen einstellen. Zwar war mir in meiner neuen Lebenssituation sehr wohl bewusst, dass ich mich als Angestellte auch wieder unterordnen müsse. Doch die Chefs waren wohl in Sorge, eine ehemalige Politikerin würde ihnen ihr Unternehmen durcheinanderwirbeln und Missstände anprangern.

Über kurz oder lang kam ich an einen Tiefpunkt, die Aufgaben und die Herausforderung von Bundestag und Wahlkreis fehlten mir. Trotz meiner intensiven Bemühungen erhielt ich keine Neuanstellung. Dass wir auf Zeit gewählt worden sind, war mir schon bewusst, ich wollte aber weiter meine Kraft und mein Wissen einbringen. Daran war jedoch niemand interessiert.

Mein Lebensmotto lautet: »Wenn die Türen vor dir zuschlagen, musst du dir neue suchen und sie öffnen.« Am 1. Mai, dem Tag der Arbeit, teilte ich meinem Mann und meinem Sohn beim gemeinsamen Frühstück mit, dass ich mich mit einem Putzunternehmen selbständig machen wolle. Funkstille, beide schwiegen und lasen weiter in ihren Zeitungen. Man muss wissen, ich habe einen richtigen Putztick und nerve meine Familie mit meinem Ordnungssinn. Putzen zu gehen war nicht mein Traumjob, aber doch eine Möglichkeit, etwas zu tun. Mein Mann sagte, damit würde ich mein Hobby zum Beruf machen. Er war intelligent genug zu wissen, dass eine unglückliche Ehefrau eine schlechte Ehefrau ist, und wünschte mir Glück. Mein Sohn hingegen reagierte sehr ablehnend auf diesen »sozialen Abstieg«, wie er es sah.

Doch ich war entschlossen. »Lilos mobiles Putzteam« war meine letzte Chance. Ich bot auf gedruckten Flyern die Übernahme von Behördengängen, Gartenarbeiten, Putzen, Einkaufen und Vorlesen an und legte die Zettel beim Bäcker und Apotheker in der Umgebung aus. Langsam kamen die ersten Aufträge. Die Schlagzeile des Sommerinterviews mit einem regionalen Journalisten einer Boulevardzeitung brachte schließlich den Durchbruch: »Ehemalige Abgeordnete muss putzen gehen.«

Magazine wie »Focus« und »Spiegel« sowie etliche, auch ausländische, Fernsehsender wollten Interviews, ich konnte kaum fassen, was da plötzlich für ein Trubel losbrach. Eigentlich war doch nichts passiert, eine Bundestagsabgeordnete hat die Wahl verloren und sucht sich einen Job. Warum ist das in unserer Gesellschaft eine Sensation?

Der positive Aspekt war jedoch, dass die Auftragslage meines Unternehmens regelrecht explodierte. Meine Tochter führt inzwischen die Kundenkartei, und sogar mein Sohn will mit einsteigen. Mein Mann ist mittlerweile die treibende Kraft im Unternehmen, er hat die Reinigung der Treppenhäuser übernommen, organisiert die wöchentlichen Einkäufe für die Kundschaft und will sogar expandieren. Ich arbeite zehn Stunden am Tag mit fünf Mitarbeitern, alle sind über fünfzig. Diese Frauen haben das gleiche Schicksal wie ich, auch sie suchten lange nach einer bezahlten Tätigkeit. Ich bin froh, dass ich etwas für sie tun kann. Mein Elternhaus hat mich sehr geprägt. Mir wurde nichts geschenkt, meine Mutter hatte sich meinem Vater stets untergeordnet, so wie sie wollte ich nie werden. Wenn mir Unrecht widerfährt, dann kämpfe ich.

Für Neuanfänge braucht man Kampfgeist und den Glauben an sich selbst. Politisch habe ich mich aus meinem Ortsverein verabschiedet. Meine Meinung ist nicht immer SPD-Meinung, ich leiste Widerspruch, bin bei Entscheidungen kantig und sperrig. Frauen fehlt oft das Selbstbewusstsein, ich will ihnen Mut machen. Jeder hat Fähigkeiten, die gefragt sind, Frauen resignieren nach Absagen zu oft, setzen sich auf die Couch und schaffen dann selten den Schritt zurück ins Berufsleben.

Natürlich ist der Neuanfang auch kräftezehrend, nach einem langen Arbeitstag koche ich der Familie noch etwas, trinke zwei Gläser Wein und gehe früh schlafen. Ich bin abends oft sehr erschöpft und bräuchte mehr persönlichen Freiraum und Ausgleich zum Beruf, ansonsten halte ich das Pensum nicht durch.

Ich erlebe die Auswirkungen der Politik heute hautnah in meinem Alltag, nicht wie früher nur über den Schreibtisch oder durch den Referenten. Die Politiker sitzen zu fest im Sattel, wissen oft nicht wovon sie sprechen. Ihnen täte mehr Einblick ins wahre Leben gut.

Erika Berger, Journalistin, 67 Jahre

Frauen wollen immer schön sein

An meinem dreißigsten Geburtstag saß ich auf meinem Sofa, vor mir einen Berg rosa Mohairwolle. Ich strickte, um mich zu beruhigen, weil ich zum ersten Mal Probleme mit meinem Alter hatte. Ich hatte, so sah ich es damals, mein Leben an die Wand gefahren und keinen blassen Schimmer, wie es weitergehen sollte. Es gab niemanden, der für mich sorgte, ich hatte zwei Kinder, ein gebrochenes Bein und keinen Job. Meine Ehe war kaputt, wir hatten zu früh geheiratet, zu früh Kinder bekommen, uns nie richtig kennengelernt. Hinzu kam, dass meine Familie wegen der Scheidung, die sie als Schande betrachtete, richtig sauer auf mich war. Ich war froh, als ich wieder als Mannequin und Barkeeperin jobben und später als Journalistin arbeiten konnte.

Wie fast jede Frau bin auch ich wahnsinnig eitel, nicht erst seit ich im Fernsehen auftrete. Etwas wehmütig schaue ich auf die Bilder aus vergangenen Tagen, mit schöner, fester Haut und langen Haaren. Es ist nicht leicht, wenn man die ersten grauen Strähnen entdeckt. Ich erinnere mich genau an ein Foto nach einer Veranstaltung in Lübeck, wir lachten alle in die Kamera. Ein Kollege schenkte mir einen Abzug und sagte: »Du siehst toll aus, Erika.« Ich erblickte auf dem Foto eine achtunddreißigjährige Frau mit Falten im Gesicht und begriff nicht, dass jener Freund und Fotograf in dem Bild etwas ganz anderes sah: Meinen veränderten Gesichtsausdruck, den erwachsenen Blick, ein Augenpaar, das bewusst in die Welt schaut und nicht nur Posen macht. Das war ich.

Reifer zu werden hat für Frauen auch Vorteile: Man muss sich keine Gedanken mehr machen, wer das Abendessen bezahlt, sondern hat selbst Geld in der Tasche, kein Stress mehr mit dem ewigen Herausputzen, um nur ein paar zu nennen. Es gibt keinen Grund, uns ältere Frauen dauernd zu bemitleiden. Ich genieße es, von Jüngeren um Rat gebeten zu werden, und gebe gern etwas aus meinem Erfahrungsschatz weiter. Zwanzig möchte ich auf keinen Fall noch einmal sein.

Meinen zweiten Mann Richard habe ich in München kennengelernt. Bei ihm hat einfach alles gepasst. Natürlich gibt es keinen Garantieschein für Beziehungen, aber unsere Temperamente und Interessen ergänzen sich einfach sehr gut. Ich bin aufbrausend, laut, raumfüllend, er ist sehr pragmatisch und holt mich immer wieder von meinem Affenbaum herunter. Das ist wunderbar. Zu unserem Erfolgsrezept gehört, sich nicht andauernd gegenseitig auf der Pelle zu hocken. Wir haben neben dem gemeinsamen auch jeder einen eigenen Freundeskreis und verbringen nicht jede freie Minute miteinander. Dennoch brauche ich meinen Mann nur anzusehen, um zu wissen, wie es ihm gerade geht.

Partnerschaften verändern sich natürlich auch sexuell. Alles, was früher so aufregend, spannend war, ist nun nicht mehr neu. Stattdessen tritt diese unglaubliche Tiefe und Zärtlichkeit an die Stelle der Sexualität. Es ist schön, sich auf den Partner verlassen zu können. Ich lege mich manchmal einfach gern in den Arm meines Mannes oder auf seinen Bauch, diese Vertrautheit ist wunderbar.

Richard macht mir auch heute, nach zweiunddreißig Jahren Ehe, noch Komplimente. Das ist nach so langer Zeit nicht selbstverständlich, meist lassen die Bemühungen des Partners ja ein wenig nach. Dennoch ist Sexualität im Alter ein angstbesetztes Thema. Probleme älterer Frauen, etwa eine trockene Scheide, werden beinahe nie offen mit den Ehemännern besprochen. Dabei ist das durch die Benutzung einer Gleitcreme ganz einfach lösbar. Stattdessen lassen Frauen, die mit zunehmendem Alter dieses Problem haben, Sex lieber stillschweigend oder sogar unter Schmerzen über sich ergehen. Oder aber sie klammern Sex einfach aus ihrem Leben aus. Das ist falsch, denn für die Liebe gibt es keine Altersgrenze. Wir brauchen Zärtlichkeit und Berührungen, egal wie alt wir sind. Frauen belügen sich, unterdrücken Sehnsüchte, machen sich etwas vor, wenn sie mit ihrem erotischen Leben abschließen. Vielleicht geschieht das aus der Angst heraus, nicht mehr attraktiv genug zu sein, um geliebt zu werden. Frauen wollen immer schön sein, sogar für irgendeinen Glatzkopf. Während sich ältere Männer sehr wohl nach deutlich jüngeren Blondinen umsehen, scheuen wir Frauen vor solcher Offensivität zurück, dabei müssten wir viel selbstbewusster sein, schließlich haben wir mehr zu bieten als Jugend und Attraktivität.

Heute trage ich nicht mehr täglich Pumps, um meine Beine ins rechte Licht zu rücken, und zeige mich auch nicht mehr tief dekolletiert. Frauen kehren im Laufe einer Beziehung zurück zur Natürlichkeit und strahlen im besten Fall von innen heraus. Das wirkt besser als jede Schönheitsoperation. Einen solchen Eingriff empfehle ich nur bei Tränensäcken oder Schlupflidern. Keine Partnerin ist täglich vierundzwanzig Stunden lang interessant und sexy. Wir laufen einem Ideal hinterher, das wir nie erreichen können, sonderbar, dass dieser Irrglaube so verbreitet ist. Kaum jemand von uns kann sich einen Personal Trainer leisten oder drei Mal in der Woche zur Kosmetik gehen, um auszusehen wie ein Supermodel. Natürlich gebe auch ich Geld aus für Masken und Ampullen, doch ich bin der Meinung, dass man das für sich tun sollte, nicht nur für die Männer. Es ist schlicht Unsinn, den Verlust der Attraktivität mit Liebesverlust gleichzusetzen. Wir Frauen müssen uns vom Jugendwahn verabschieden, wir müssen lernen loszulassen und nicht den alten Zeiten nachzuweinen.

Genauso wenig aber darf Älterwerden heißen, dass man sich gehenlässt. Schaue ich mir Geschlechtsgenossinnen in meinem Alter an, sind sie oft etwas zu rundlich geworden, färben sich die Haare nicht oder kleiden sich nicht mehr vernünftig. Viele sind kreidebleich, weil sie selten an die frische Luft kommen oder zuviel rauchen. Das mache ich den Frauen zum Vorwurf. Bei Männern beobachte ich dieses Phänomen ebenso, aber Alter ist kein Grund, gemeinsam auf dem Sofa zu verwahrlosen.

Dabei geht es mir nicht um den großen Auftritt im Designerfummel. Käme ich heute noch im ultrakurzen Minirock zu meinen Terminen, wäre das nur noch komisch und nicht sexy. Das ist vorbei, ein für allemal. Man darf sich nicht der Lächerlichkeit preisgeben, wenn man in Würde altern will. Das Maß ist das Entscheidende, zeigt eure Gesichter, seid selbstbewusst, die Spuren gelebten Lebens sind kein Makel, versteckt sie nicht hinter langen Haaren, zeigt eure Figur, kaschiert nicht alles.

Für mich kam es einem Wunder gleich, als ich Mitte der achtziger Jahre, mit fünfundvierzig Jahren, meine Karriere als Fernsehjournalistin bei einem der ersten Privatsender begann, bei dem sonst Zwanzigjährige moderieren. Ich entsprach absolut nicht dem damaligen Schönheitsideal, kleidete mich figurbetont und schminkte mich nach eigenem Geschmack, so wie es mir gefiel und wie es zu meinem beruflichen Schwerpunkt Liebe und Erotik passte. Über die Bezeichnung »Sex-Tante« in der Öffentlichkeit konnte ich irgendwann schmunzeln. Ich bin keine gelernte Therapeutin oder Sozialexpertin, ich bin Journalistin mit dem Fachgebiet Sexualität, und schließlich brauchen alle Menschen Antworten bei Themen wie Liebeskummer und Sexualität. Es geht im Leben nicht nur um Sex, es geht um Gefühle. Ohne Berührungen verkümmern wir. Man kann mehrmals täglich Sex haben, aber ohne Gefühle fehlt etwas.

Der Erfolg gab mir recht, ich wurde eine Marke: der Kummerkasten der Nation. Mein Alter spielte nie eine Rolle, und mir wurde schnell klar, dass ein faltenloses Gesicht gar nicht so wichtig ist, denn wahre Schönheit kommt von innen, davon bin ich fest überzeugt. Das Schöne an meinem Beruf ist, dass ich arbeiten kann, bis ich hundert bin. Es ist eine Herausforderung, die mich geistig jung hält. Durch meine Moderatorentätigkeit habe ich in Form von privaten Versicherungen und Immobilien finanziell für mein Alter vorsorgen können. Nur die Bundesanstalt für Arbeit geht mir auf die Nerven, seit ich vor zwei Jahren das offizielle Rentenalter erreicht habe. Sie fordert mich immer wieder auf, meine Unterlagen für die Rente einzureichen. Beim zweiten Anschreiben bekam ich einen Weinkrampf, ich wollte einfach keine Rentnerin sein. Mein Mann reagierte ganz pragmatisch: »Du bist keine Rentnerin, aber nimm das Geld.« Doch ich wollte nicht. Bis heute nehme ich keine Rente in Anspruch.

Vollkommenes Glück wäre es für mich, mit meinem Laptop in Italien in einer Hotelsuite zu sitzen, aufs Meer zu schauen, zu schreiben und meinen Mann an meiner Seite zu wissen. Das ist ein Traum, den ich mir noch erfüllen möchte. Drei Monate Kreativität und Muße in Italien und neun Monate Alltag in Köln, das wäre ideal. Angst macht mir nur der Gedanke, dass mein Mann vor mir sterben könnte, dass ich dann allein bin. Er ist das Herzstück meines Lebens, das Wertvollste und Schönste, das ich besitze.

Vor wenigen Monaten trafen mein Mann und ich ein Ehepaar aus gemeinsamen beruflichen Anfängen. Beide hatten sich frühzeitig ins Privatleben zurückgezogen und sind geistig regelrecht verarmt. Sie machen nichts mehr, liegen bis in den hellen Tag im Bett, haben kaum noch Interessen. Man muss mit zunehmendem Alter auch lernen, sich zu beschäftigen. Mich hält die Arbeit jung, weil ich mich mit der nächsten Generation auseinandersetzen muss. Nur die jungen Leute sagen mir direkt ins Gesicht, wenn etwas nicht stimmt, die alten tun das nicht. Deshalb suche ich regelmäßig Kontakt zu Jüngeren, auch wenn ich mich für einen Fototermin nicht mehr in einem Kleid mit Spaghettiträgern neben eine Zwanzigjährige stellen würde, da kann ich nur verlieren.

Selbstverständlich setze ich mich als Person des öffentlichen Lebens in Bezug auf mein Äußeres auch selbst unter Druck. In Interviews werde ich heute noch gefragt, warum ich keinen Minirock mehr trüge, wie in meiner ersten Sendung, ich hätte doch so schöne Beine. Ich antworte dann immer: Stellen Sie sich vor, ich hätte mit meinen Brüsten und nicht mit den Beinen Karriere gemacht.

Wenn wir Frauen ins Klimakterium kommen, machen wir eine schlimme Zeit durch. Ich hatte zum Glück eine Frauenärztin, die mich gleich auf die richtigen Hormone einstellte. Keine Depressionen, kaum Hitzewallungen, für mich war dieser Zeitraum problemlos, aber man muss etwas für sich tun, sonst kann es einem passieren, dass man antriebslos, dick und passiv wird. Ich versuche die negativen Aspekte des Älterwerdens in Positive zu wenden. Hilfreich sind gute Freundinnen, mit denen man auch einmal offen sprechen kann.

Das Beispiel meiner geliebten Mutter hat mich gelehrt, mich nicht gehen zu lassen. Ihr selbst gelang das nicht. Sie litt an Osteoporose und Diabetes, und ihr Lebensabend war schmerzerfüllt. Das hat mich geprägt. Ich will im Alter lieber sein wie mein Vater, er war ein alter Herr, als er starb, aber jung im Herzen.

Erika Bergers zweiter Ehemann Richard Mahkorn starb kurz nach ihrem Interview zu diesem Buch überraschend im Alter von 63 Jahren in Köln.

Rosi Gollmann, Gründerin der Andheri-Hilfe, 80 Jahre

Je mehr ich mich für neue Herausforderungen öffne, desto jünger bleibe ich

Schon als Achtzehnjährige stand für mich fest: Meine Lebensaufgabe ist es, für andere da zu sein. Diese Entscheidung bedeutete für mich den Verzicht auf Ehe und Familie und für meine Eltern – zu deren Betrübnis – den Verzicht auf Schwiegersohn und Enkelkinder. Worin meine soziale Aufgabe bestehen sollte, wusste ich damals noch nicht. Ich habe nicht danach gesucht: Sie wurde mir später gleichsam vor die Füße gelegt. Rückblickend steht für mich fest: Für meinen Verzicht auf eheliche, auf sexuelle und auf kindliche Liebe wurde ich reich beschenkt mit einer allumfassenden Liebe.

Ich wurde Religionslehrerin in berufsbildenden Schulen, und ich war es gern. Die christliche Botschaft bedeutete für mich nicht nur Verkündigung der Lehre, sondern deren Umsetzung in die Tat. So waren meine Schüler und Schülerinnen engagiert für alte, alleinstehende Menschen, für vernachlässigte Kinder und für jugendliche Strafgefangene.

Die Wende setzte ein, als eines Tages eine Schülerin einen Zeitungsbericht über ein Waisenhaus bei Bombay (heute Mumbai) in den Unterricht brachte. Die darin geschilderten unvorstellbaren Lebensbedingungen indischer Findelkinder ließen mir keine Ruhe. Weil ich mich den bereits übernommenen sozialen Aufgaben im eigenen Land verpflichtet fühlte, verging jedoch noch ein ganzes Jahr, bis ich 1960 – ich war dreiunddreißig – den ersten Kontakt zum St. Catherine's Home in Andheri aufnahm.

Meine Schüler und Schülerinnen schickten Weihnachtspäckchen mit dringend notwendigen Hygieneartikeln für die damals etwa vierhundert Kinder in Andheri. Und zwei Jahre später reiste ich zum ersten Mal selbst dorthin, damals noch mit dem Schiff. Vor Ort erlebte ich unbeschreibliche Not und Elend, lernte die Armen, die Ausgestoßenen und die Entrechteten kennen und lieben. Von diesen Begegnungen an stand für mich fest: Das ist meine Aufgabe!

Naturgemäß wurde meine Motivation vom Mitleid mit den Unterprivilegierten ausgelöst; doch dieses Mitleid war für mich keine reine Gefühlsangelegenheit, sondern Anstoß zum aktiven Handeln. Dabei stand für mich immer der Mensch im Vordergrund. Von meinem christlichen Menschenbild her ist jeder Mensch göttlichen Ursprungs und besitzt seine Würde, auch das schmutzige, verlauste Straßenkind oder der mit stinkenden Wunden bedecke Leprakranke. Und das über alle Religionsunterschiede hinweg. Über die finanzielle Hilfe hinaus müssen die Armen den Respekt vor sich selbst wieder finden.

Ging es für die Kinder in Andheri zunächst um die tägliche Handvoll Reis, so stieg mit ihrer Zahl auch der Aufgabenbereich unserer Initiative. Wir erkannten bald, es ist nicht genug, die Symptome von Not und Elend anzugehen: Es gilt, an der Wurzel anzusetzen. So wurde es notwendig, der klein begonnenen Privatinitiative eine rechtliche Form zu geben: 1967 wurde die Andheri-Hilfe gegründet. 1971 reduzierte ich meine berufliche Verpflichtung um die Hälfte; fünfundfünfzigjährig stieg ich – schweren Herzens – ganz aus dem Schuldienst aus, weil die Andheri-Hilfe meinen ganzen Einsatz forderte.

Verzicht? Opfer? Ganz sicher nicht: Entwicklungszusammenarbeit ist keine Einbahnstraße. Man ist nicht nur Gebender, sondern gleichzeitig auch immer Nehmender, man bekommt unendlich viel zurück. Die strahlenden Augen eines von harter Fabrikarbeit befreiten Kindes, die glückliche Umarmung einer Familie, die durch den Tsunami alles verlor und nun endlich wieder ein festes Dach über dem Kopf hat, die unbeschreibliche Freude eines Blinden, der nach erfolgter

Operation wieder sehen kann – das wiegt allen Einsatz tausendfach auf.

Natürlich blieben auch schwere Stunden nicht aus, wenn die Herausforderungen die eigenen Möglichkeiten zu übersteigen drohten. Aber gerade in solchen Stunden spürte ich, dass ich nicht allein war, wurde mir die Verbundenheit mit Gott zur Kraftquelle. Für mich ist Religion eine Bindung, die mich frei macht. Unerwartet gab es immer Lösungen – manche nannten sie Zufälle, andere sprachen von Wundern.

So stand ich zum Beispiel 1974 einem scheinbar unlösbaren Problem gegenüber: die etwa zwei Millionen Blinden in Bangladesch. Die extreme Armut, Unterernährung, fehlende Hygiene, dazu Mangel an fachlicher Behandlung führt jährlich zu circa 60000 Neuerblindungen. Mein Plan, den Kampf gegen die Blindheit aufzunehmen, beurteilten Vorstand und Spender im Hinblick auf unsere begrenzten Mittel als illusorisch. Doch ich sagte: »Wir fangen einfach mit dem ersten an!« Ich ahnte damals selbst nicht, dass nach diesem ersten Blinden weit mehr als eine Million Menschen geheilt werden könnten, denen wir durch einen operativen Eingriff, oft unter einfachsten Bedingungen, das Augenlicht wiedergeben konnten.

Es ging uns bei unserer Arbeit nie darum, Almosen zu verteilen; das widerspricht der Würde des Menschen. Immer ging es um gezielte Hilfe zur Selbsthilfe. Der Mensch kann nicht entwickelt werden, er kann sich nur selbst entwickeln. Darum werden in unserer Projektarbeit die Betroffenen selbst aktiv in ihren eigenen Entwicklungsprozess einbezogen. Sie sind an der Planung und Durchführung aller Maßnahmen, die ihr Leben nachhaltig verbessern, beteiligt. Außerdem werden sie motiviert, sich für andere einzusetzen: Aidskranke indische Frauen haben zum Beispiel Peergroups gebildet: Gemeinsam klären sie auf und beraten, um andere Frauen vor einem so harten Schicksal, wie sie es zu tragen haben, zu bewahren. Witwen werden wieder in die Gesellschaft integriert, die sie bisher ausgegrenzt hat. Man lastete ihnen früher die Schuld am Tod ihres Mannes an, und sie mussten als Zeichen ihres Standes den weißen Sari tragen. Es war ihnen untersagt, Schmuck anzulegen, ebenso wie die Teilnahme an Festen, nicht einmal zur Hochzeit ihrer eigenen Kinder waren sie zugelassen. Solche Traditionen zu ändern ist nur durch intensive Motivationsarbeit möglich. Eine Frauengruppe setzte ihre erworbene Überzeugung um: Sie nahm die Witwen zum Dorffest mit – entgegen aller Tradition in bunten Saris, dazu mit Schmuck und Blumen. Die Dorfbewohner reagierten fassungslos: Das hatte es noch nie gegeben. Man diskutierte gemeinsam über die Sinnlosigkeit dieses Brauches. Inzwischen gibt es auch in den Nachbardörfern keine weißen Witwensaris mehr und keine Ausgrenzung.

In ungezählten indischen Dörfern gehen selbstbewusste Frauen auf die Straße und protestieren gegen die Tötung weiblicher Neugeborener. In Hunderten Dörfern gibt es vor allem durch Einkommen schaffende Maßnahmen und durch schulische und berufliche Förderung inzwischen keine Tötungen von Mädchen mehr.

Die Lebenserwartung in den Entwicklungsländern liegt zehn bis fünfzehn Jahre niedriger als in Europa. Das Arbeitsleben ist hart, die medizinische Versorgung meist mangelhaft. Frauen mit ihren Kindern wirken oft wie Großmütter mit ihren Enkeln. Dennoch wird alten Menschen dort eine deutlich höhere Wertschätzung entgegengebracht als bei uns. Man schätzt ihre reiche Erfahrung, respektiert die Last ihres Lebens. Eine Beobachtung, die ich auf dem Flughafen von Bombay machte, beeindruckte mich tief: Ein studierter junger Mann kam aus den USA zurück und wurde von seiner Mutter im einfachen Baumwollsari erwartet. Er fiel vor ihr auf den Boden und küsste ihre nackten Füße. Mütter und Schwiegermütter genießen in Indien ein hohes Ansehen, ihr Urteil gilt viel. Mittlerweile sieht man aber auch dort immer mehr alte bettelnde Frauen auf den Straßen. Das ist neu. Früher lebten drei bis vier Generationen in einem Haus, heute brechen diese Strukturen häufig auseinander.

Im Laufe der Jahre haben insgesamt vierzehn ehemalige indische Heimkinder mich in meiner Arbeit in der Bonner Zentrale der Andheri-Hilfe unterstützt. Die meisten von ihnen heirateten später in Deutschland. So habe ich, obwohl ich nie geheiratet habe, eine Großfamilie mit Töchtern und Schwiegersöhnen und vielen Enkelkindern. Eine dieser jungen Inderinnen, Maryann Fernandes, trägt als meine Adoptivtochter meinen Namen, sie lebt und arbeitet seit fünfunddreißig Jahren mit mir. Sie ist mir unentbehrlich geworden. Liebevoll achtet sie darauf, dass ich auch mal Pausen einlege. Nachdem wir uns abends gemeinsam die Nachrichten angeschaut haben, gehören Gesellschaftsspiele zum Tagesabschluss.

Das bewahrt mich aber nicht davor, mich oft noch zu nächtlicher Stunde wieder an den Computer zu setzen, wenn ich gebraucht werde. Die Arbeit hält mich jung. Je mehr ich mich für neue Herausforderungen öffne, desto jünger fühle ich mich.

Meiner Falten habe ich mich nie geschämt. Sie sind Zeichen des Lebens. Ich beobachte oft, dass Frauen altersbedingte Wehwehchen beklagen und beim Kaffeeklatsch statt Urlaubsbilder ihre Röntgenaufnahmen herumreichen. Für mich hingegen ist Älterwerden ein Reichtum, Reichtum an Erinnerungen, für die ich dankbar bin. Es liegt in der Hand der Menschen, das Leben anzunehmen, auch das Alter, und etwas daraus zu machen. Alter und Tod hängen zusammen. Dass wir sterben müssen ist unausweichlich, auch wenn der Tod in unserer Gesellschaft oft verdrängt wird. Unsere Friedhöfe hat man meist weit außerhalb der Wohngebiete angelegt. Früher wurden die Toten mitten im Dorf, bei der Kirche, begraben. Für mich war der Tod schon als Kind präsent, besonders in den Kriegsjahren. Als junges Mädchen sah ich nach den Bombenangriffen Tausende von Toten. Ich versorgte schwerverletzte Kinder, verband Menschen, deren Körper halb verbrannt waren.

Auch in Indien sah ich viele Menschen sterben. Nie werde ich das Kind vergessen, das in Zeitungspapier eingepackt beerdigt wurde, weil es nicht einmal für ein Stück Stoff reichte, um den kleinen Leichnam darin einzuhüllen.

Auch ich selbst war dem Tod einmal sehr nahe. Vor vielen Jahren brachte ich von einer meiner Indienreisen eine schwere Hepatitis mit. Die Überlebenschancen waren gering. Aber ich schaffte es und strafte die pessimistischen Erwartungen der Ärzte Lüge: Ich führte meine Lebensaufgabe weiter.

Vor sechs Jahren habe ich den ersten Vorsitz der Andheri-Hilfe an eine langjährige jüngere Mitarbeiterin abgegeben. Loszulassen ist nicht leicht, aber notwendig in der Verantwortung für das Weiterleben, der Hilfestellung für Menschen auf der Schattenseite des Lebens. Die Spuren des Alters bleiben nicht aus, aber ich bin glücklich und dankbar, dass ich nach wie vor mit vollem Einsatz als Ehrenvorsitzende dabei sein darf.

Ich habe keine großen Ansprüche, brauche keinen Luxus, und ich bin glücklich – auch mit meiner kleinen halben Rente. Mein Einsatz für Andheri ist natürlich ehrenamtlich. Käme ich noch einmal zur Welt, ich würde den gleichen Weg wieder gehen. Man spricht so oft von Selbstverwirklichung. Ich bin davon überzeugt, ich konnte mich nur in diesem Dienst an anderen selbst verwirklichen, denn: »Niemand lebt für sich allein.« Ich bin meinen eigenen Weg gegangen, nicht nach festem Plan, sondern bereit für die Herausforderungen, die sich mir in den Weg stellten. So ist eine eigene Welt daraus geworden – für mich und Millionen Armer. Dafür bin ich dankbar – nicht stolz.

Ich bin überzeugt, wenn ich einmal sterbe, dann als ein Mensch, der wirklich gelebt hat, ein volles, erfülltes und glückliches, wenn auch nicht immer leichtes Leben. Der Tod ist mächtig, aber nicht allmächtig. Das gelebte Leben kann er nicht antasten. Ich sorge mich nicht um die Zukunft. Warum soll ich nicht auch noch für den letzten Teil meines Lebens

Gott vertrauen? Für mich ist Vergangenheit gleichzeitig Gegenwart, weil meine Vergangenheit Leben war – für mich und für andere. Für die Zukunft ärmster Menschen werde ich, so lange ich lebe, jede neue Herausforderung annehmen. Und wenn ich einmal gehen muss – davon bin ich überzeugt –, lebe nicht nur ich weiter, sondern es wird von dem, was ich zeitlebens tun durfte, etwas bleiben – über meinen Tod hinaus.

Irmgard Miller,
ehemalige Buchhändlerin, 75 Jahre

Das Alter ist für mich eine gute Lebenszeit

Ein Vorteil des Alters ist, dass ich keinen Zeitzwang mehr habe, keiner kann mehr bestimmen, wann ich was zu tun habe. Ich gestalte den Tag so, wie ich es möchte, das ist für mich geschenkte Zeit, und das schätze und genieße ich sehr. Endlich Zeit zu lesen, auszuschlafen, in Ruhe zu frühstücken, klassische Musik zu hören, meinen Gedanken nachzugehen.

Mit achtunddreißig wurde ich Witwe, mein Mann starb ganz plötzlich im Alter von vierzig Jahren, und ich stand mit den zwei Kindern, die vier und zwölf Jahre waren, allein da. Ich hatte nie viel Geld zur Verfügung, als Buchhändlerin verdiente ich nicht gut, und ich hatte durch den gemeinsamen Buchladen hunderttausend Mark Schulden, da wir nur wenig Eigenkapital in das Geschäft stecken konnten. Trotzdem wollte ich meinen Söhnen ein Studium ermöglichen, und so musste ich allein weiterkämpfen und immer sparen. Das war nicht einfach.

Der Tod meines Mannes erschütterte mich sehr. Er war sehr liebevoll, aber Alkoholiker. Zehn Jahre trank er heimlich. Als ich es bemerkte, machte ich ihm Vorwürfe. Er kam ins Krankenhaus, und ich erwähnte sein Problem mit keiner Silbe – aus Unkenntnis. Das Bewusstsein, dass Alkoholismus eine Krankheit ist, war damals noch nicht so ausgeprägt wie heute. Später las ich viele Bücher zum Thema Alkoholismus und realisierte, dass ich alles falsch gemacht hatte. Ich gab mir lange Zeit eine Mitschuld an seinem Tod.

Zwei Jahre später lernte ich einen anderen Mann kennen, doch auch diese Beziehung verlief nicht glücklich. Vor einem Jahr schließlich, mit vierundsiebzig Jahren, machte ich tabula rasa, verließ diesen Mann, mit dem ich vierunddreißig Jahre zusammen war, und zog aus der Stuttgarter Gegend nach Köln. Es war immer eine schwierige Beziehung gewesen, aber zum Schluss klappte es gar nicht mehr. Wir passten einfach nicht zusammen. Er ist sehr still, fast autistisch, ich hingegen bin sehr lebhaft. Es fand keine Auseinandersetzung statt, kein Streit, er schwieg immer nur. Das machte mich wahnsinnig. Keine Kommunikation, das ist tödlich für jede Beziehung.

Als die erotische Beziehung zwischen uns vor vielen Jahren aufhörte, wurde es noch schwieriger. Es ging von ihm aus, ich konnte mir nie vorstellen, ohne körperliche Liebe und Nähe zu leben, ich habe auch heute noch das Bedürfnis danach. Zunächst haben wir uns erotisch gut verstanden. Er war sehr lieb und zärtlich. Dann hörte die Sexualität plötzlich einfach auf, er redete aber nie über die Gründe, das konnte er nicht.

Ich hatte auch in der Zeit dieser langjährigen Partnerschaft eine andere Beziehung. Und später hatte ich noch einmal richtiges Herzklopfen, ich verliebte mich ein wenig – in einen schwulen Mann, eine verrückte Geschichte. Er hatte sich mit sechzehn oder siebzehn in mich verliebt, als ich noch eine kleine Buchhandlung in Urach hatte. Damals war er sexuell noch orientierungslos und fühlte sich mehr zu älteren Frauen hingezogen. Er ist zwanzig Jahre jünger als ich. Nach sechsunddreißig Jahren nahm er den Kontakt wieder auf. Das schmeichelte mir sehr. Wir trafen uns und entdeckten eine Gemeinsamkeit, die Liebe zur Kultur. Mit sechsundsechzig Jahren saß ich neben ihm in der Oper und fühlte mich wie ein junges Mädchen beim ersten Rendezvous. Er gefiel mir sehr. Jemanden wie ihn wünschte ich mir als Partner, so vielseitig interessiert, ein toller Mann. Ein Jahr lang unternahmen wir sehr viel gemeinsam. Es blieb eine platonische Beziehung, aber wir verstanden uns blendend, es wurde eine wunderbare Freundschaft daraus. Wir treffen uns auch heute noch regelmäßig. Einmal gestand ich ihm, dass ich damals ein bisschen verliebt war. Wir konnten gemeinsam darüber lachen.

Es ist schön zu wissen, dass so etwas immer passieren kann, dass man sich jederzeit verlieben kann, aber ich glaube, inzwischen bin ich nicht mehr so offen. Ich habe schon lange keinen Mann mehr getroffen, der mir gefallen könnte.

Mein Umzug nach Köln war ein Schritt ins Ungewisse, mit Angst und Wehmut verbunden, obwohl mein Sohn und seine Frau hier leben, und in wenigen Wochen wird mein zweites Enkelkind geboren. Auch mein Freundeskreis fehlt mir sehr. Ich habe zwar zu den Freunden in Stuttgart engen Kontakt, aber es ist doch ein Unterschied, ob man sich schnell mal auf eine Tasse Kaffee oder ein Glas Wein treffen kann, um zu reden. Gerade im Alter ist der Freundeskreis sehr wichtig, da die sozialen Kontakte im Beruf fehlen.

Ich bereue den Umzug aber ganz und gar nicht, ich fühle mich in der neuen Umgebung auch nicht einsam. Ich kann gut allein sein. Es macht mir Spaß, die Stadt zu erforschen, mit Stadtplan und Jahreskarte für die Straßenbahn einfach herumzufahren, irgendwo auszusteigen und mir etwas anzusehen. Oft gehe ich ins Theater und die Philharmonie oder sehe mir Filme im Kino an. So etwas kann ich gut allein unternehmen. Manchmal plaudere ich mit den Nachbarn oder trinke einen Kaffee mit jemandem. Ich habe hier auch schon eine Theatergruppe gefunden, in der ich mitspiele.

So habe ich mich inzwischen zwar recht gut eingelebt, doch anfangs war die Umstellung ein bisschen schwierig. Ich wurde krank und musste schon zum dritten Mal an den Hüften operiert werden. Dann kam es vor ein paar Monaten noch einmal zu einer Notoperation, bei der es um Leben und Tod ging. Es begann mit Hals-und Ohrenschmerzen, die so schlimm wurden, dass ich den Notarzt benachrichtigte. Im Krankenhaus schickte man mich nach Hause. Als es nicht besser wurde, ging ich wieder hin, und man wies mich ein zweites Mal ab. Noch dreizehn Stunden vor der Notoperation sagte ein junger Arzt, er würde mich doch nicht wegen Halsschmerzen im Krankenhaus aufnehmen. Als ich nach einigen Stunden zum dritten Mal ins Krankenhaus ging, sagte ich: »Ich gehe hier nicht weg, bevor etwas geschieht.« Bei einer Computertomographie stellte sich schließlich heraus, dass vier eitrige Abszesse bereits auf dem Weg zum Herzen waren. Ich hätte nur noch wenige Stunden überlebt. Noch in der Nacht wurde ein Luftröhrenschnitt gemacht. Zehn Tage wurde ich künstlich ernährt. Das hätte schiefgehen können. Nach einer solchen Erfahrung genießt man das Leben noch mehr.

Demnächst werde ich umziehen, in das Haus meines Sohns und meiner Schwiegertochter. Ich werde also mit meiner Familie in einem Mehrgenerationenhaus wohnen. Alles ist gut durchdacht. Falls ich ein Pflegefall werden sollte, gibt es auf dem gleichen Stockwerk eine kleine Wohnung, dort könnte eine Pflegekraft einziehen. Meine Wohnung ist ebenfalls behindertengerecht konzipiert. Ich bin ja jetzt bereits gehbehindert. Wir haben unsere eigenen Bereiche und treffen uns nur, wenn wir es möchten. Ich kann mich häufiger um die Kinder kümmern und meine Schwiegertochter und meinen Sohn entlasten. In Erziehungsfragen mische ich mich jedoch nicht ein. Auch was die Haushaltsführung angeht, haben wir unterschiedliche Vorstellungen, bei ihnen herrscht ein kreatives Chaos, das ich aber gern toleriere. Ich bin ganz sicher, dass es gut klappen wird, weil wir es uns angewöhnt haben, sehr offen über alles zu sprechen. Das ist uns allen wichtig. Mein größter Wunsch ist es, meine Enkel noch lange aufwachsen zu sehen und meiner Familie bei der Kinderbetreuung zur Hand gehen zu können. Wenn es mir einmal schlechtgehen sollte, habe ich auch kein Problem damit, ihre Hilfe anzunehmen.

Ich bin sehr froh über meinen Entschluss, neu anzufangen. Eigentlich bin ich nicht sehr risikofreudig, aber ich entscheide meist intuitiv genau das Richtige. Ich bin ein positiver Mensch und tue alles mit Freude. Das Alter ist für mich fast die beste Lebenszeit, es sind gute Jahre. Ich habe mehr Luft zum Atmen, zum Leben. Ich nehme das Leben, wie es kommt, und mache mir nicht zu viele Sorgen. Ich bin besonnener und ruhiger geworden, insgesamt weniger aufgeregt und habe das Gefühl, mir könne nichts mehr passieren. Inzwischen bin ich auch ein bisschen egoistischer. Früher engagierte ich mich, wo ich nur konnte, im Elternbeirat, in der Gefangenenhilfe, in einem Asylkreis. Jetzt will ich nicht mehr nur für andere da sein, ich muss es auch mit mir gut meinen, auf meinen Körper hören, Alarmsignale wahrnehmen. Ich finde, dass ich im Alter das Recht habe zu tun, was ich möchte. Das gefällt mir.

Regina Ziegler,
Filmproduzentin, 63 Jahre

Alles hat seine Zeit

Ich weiß, wie man altert, ohne zu nerven. Oder, um es ein bisschen vorsichtiger zu sagen: Ich glaube, dass ich es weiß. »Mach etwas aus deinem Leben«, das waren die Worte meiner Mutter. Sie selbst hatte in ihrer Jugend durch die Erfahrung des Krieges – sie wurde ausgebombt und verschüttet – nicht die Möglichkeit, ihre Fähigkeiten zu entwickeln und auszuleben. Meine Mutter hat mich regelrecht ins Leben geschubst. Mit ihrer Kraft und ihrem Lebensmut hat sie mich gelehrt, im Leben immer aus allem das Beste zu machen. Wenn ich jetzt eine Lebensbilanz ziehe, kann ich sagen, ich bin glücklich. Ich wurde oft vom Leben überrascht, und ich mag Überraschungen.

Heute, mit dreiundsechzig, fühle ich mich noch jung. Alter ist kein Thema für mich. Ich könnte sonst auch mein riesiges Arbeitspensum nicht erfüllen. Ich arbeite heute mehr als jemals zuvor. Allein im letzten Jahr bin ich drei Mal um die ganze Erde gereist, in den letzten drei Tagen war ich in Bangkok, Phuket und Pattaya. Davon konnte ich zwei Nächte im Flugzeug schlafen – eine optimale Zeitnutzung. Heute morgen kam ich aus Rom zurück, morgen fliege ich nach Österreich, nächste Woche zu den Filmfestspielen nach Cannes, und anschließend warten Termine in Los Angeles. Fliegen ist für mich mittlerweile fast so selbstverständlich wie S-Bahn- oder Autofahren. Müdigkeit und Erschöpfung befallen mich nicht. Ich kann sogar im Stehen schlafen und brauche nur wenige Stunden Nachtruhe. Bei den Dreharbeiten in Pattaya zum Beispiel habe ich mit Mitarbeitern in einer Bar gesessen und Livemusik gehört. Das war wunderbar, solche ungeplant durchwachten Nächte inspirieren mich. Das ist Leben.

Ehrlich gesagt habe ich eigentlich keine Zeit, über das Alter nachzudenken. In einem New Yorker Edelkaufhaus wurde ich vor einigen Jahren allerdings unsanft daran erinnert. Ich ging in die Kosmetikabteilung und wollte mich eigentlich nur etwas umsehen, da kam eine sehr engagierte junge Mitarbeiterin auf mich zu und bot mir unaufgefordert eine, wie sie betonte, äußerst wirkungsvolle Creme gegen Lippenfältchen an. Ich fühlte mich zunächst gar nicht angesprochen, verließ am Ende aber doch mit der Creme in der Handtasche das Geschäft.

Meine wunderbare Freundin, die Schauspielerin Brigitte Mira, stand noch mit Anfang neunzig auf der Bühne, sie suchte bis zum letzten Tag neue Herausforderungen. Ihr Umgang mit dem Alter war mir immer ein Vorbild. Wenn sie auf ihre Falten angesprochen wurde, antwortete sie: »Was kümmert mich mein Plissee? Schaut mich an, ich habe gelebt, und das will ich auch zeigen.« Es ist eine Frage der Haltung, wie Frauen das Alter annehmen und damit umgehen. Die Summe unserer Lebenserfahrung zeigt sich natürlich auch in äußeren Spuren, aber was soll daran schlecht sein?

Heute findet die Auseinandersetzung mit dem Thema Alter bei mir sicherlich stärker beruflich statt als privat. Nehmen wir das Filmprojekt »2030«, in dem wir die Zukunft der Rentner in gut zwanzig Jahren thematisiert haben. Auf der Grundlage von wissenschaftlich untersuchten Fakten und Demoskopien haben wir ein fiktives Bild entworfen, das aber dennoch in einzelnen Momenten durchaus realistisch ist. Die Einführung einer Einheitsrente, die kaum die Existenzgrundlagen der Rentner sichert, ist sehr wahrscheinlich. In unserer Gesellschaft bricht die soziale Mitte weg, übrig bleiben die Extreme, entweder sehr arme oder sehr reiche Rentner. Dazwischen gibt es nichts. Die Zahlen sind bekannt, so sieht die Zukunft wohl aus. Das wollte ich in diesem Film zeigen.

Denn wie Millionen anderer Deutscher mache auch ich mir natürlich Gedanken über meine Altersversorgung. Das Thema hat mich einfach nicht mehr losgelassen. Die Situation alter Menschen in Deutschland ist ein großes Thema und muss irgendwann gelöst werden. Die Politik ist in der Verantwortung.

In meinem beruflichen Alltag stelle ich fest, dass viele Schauspielerinnen Probleme mit dem Älterwerden haben. Wenn einer Schauspielerin ihr Fach der Geliebten zum Erfolg verholfen hat, fällt es ihr schwer, eine Mutterrolle und später eine Großmutterrolle anzunehmen. Schauspielerinnen möchten, wie jede Frau, das festhalten, womit sie Erfolg hatten, ihr Image, ihren Look. Ich verstehe das. In dieser Branche ist es besonders schwer, unbemerkt zu altern. Das Publikum nimmt quasi am Alterungsprozess der Prominenten teil, weil jede Falte, jedes Detail in der Yellow Press ausgebreitet wird. Deshalb scheuen sich viele Prominente, über ihr Alter zu sprechen. Nicht umsonst ist in diesen Kreisen Botox so beliebt. Vor einiger Zeit traf ich auf dem Kurfürstendamm in Berlin eine berühmte Schauspielerin vor der Praxis eines bekannten Botox-Arztes. Sie leugnete strikt, bei diesem Arzt gewesen zu sein. Die vielen Tricks im Kampf gegen das Alter werden nicht gern zugegeben.

Aber es gibt auch andere Beispiele. Monica Bleibtreu, eine der größten deutschen Schauspielerinnen, die ich sehr verehre, hat sich für den Film »Marias letzte Reise« die Haare abrasieren lassen, um den Krankheitsprozess einer Krebspatientin darzustellen. Sie ließ zu, dass die Kamera ganz nah über ihr ungeschminktes Gesicht fuhr, das ist bei Schauspielerinnen ihres Alters wirklich selten und hat mich sehr beeindruckt.

Ältere Schauspielerinnen werden heute aber wieder stärker gebucht. Als Produzenten einer vierundzwanzigteiligen Reihe mit dem Titel »Lauter tolle Frauen« Ende der neunziger Jahre waren wir Vorreiter, denn fünfzig- und sechzigjährige hochkarätige Schauspielerinnen wie Gudrun Landgrebe und Senta Berger spielten Hauptrollen in ihrem Alter. Was heute gang und gäbe ist, war vor zehn Jahren neu. Alle Schauspielerinnen dieser Sendereihe waren mindestens vierzig, ein Alter, in dem sie früher gar nicht mehr wahrgenommen wurden. Da hat sich viel getan, inzwischen werden sogar Werbespots geschaltet, die auch gealterte Körper nackt zeigen. Offenbar hat sich die Erkenntnis durchgesetzt, dass das Altern keinem von uns erspart bleibt.

Für mich hat das Alter eine hohe Qualität. Ich bin kompromissloser geworden, das können auch meine Mitarbeiter bestätigen. Selbstverständlich bin ich für Demokratie, aber das letzte Wort habe ich. Diese Freiheit nehme ich mir jetzt. Ich bin genauso ungeduldig wie vor vierzig Jahren und betrachte das auch nicht als Schwäche. Ungeduld fordert, und damit verlässt man hoffentlich das Mittelmaß. Immerhin habe ich mir mit den Jahren angewöhnt, bei Verhandlungen auch andere einmal ausreden zu lassen. Das ist neu für mich.

Nach fünfunddreißig Jahren kann ich noch immer sagen, dass dieser Beruf trotz aller Schwierigkeiten die schönste Erfahrung ist, die ich machen konnte. Wenn ich nach der Arbeit eines ganzen Teams im Rohschnitt sitze und sehe, das ist genau der Film, den ich machen wollte, möchte ich mit niemandem auf der Welt tauschen und ganz sicher nicht in Rente gehen. Überhaupt ist der Gedanke an Ruhestand und Stillstand für mich furchtbar, das könnte ich gar nicht ertragen. Sollte es dennoch irgendwann einmal soweit sein, werde ich mit meinem Mann viel reisen, wieder neue Eindrücke sammeln. Ich bin kein Mensch, der stillsitzen kann, ich muss mich bewegen. Dann engagiere ich mich eben für eine Charity-Organisation, auch das kann ich mir gut vorstellen. Außerdem haben Alzheimer-Forscher festgestellt, dass Demenz vor allem beim Übergang vom aktiven Berufsleben in den Ruhestand auftritt.

Dass meine Arbeit wahrgenommen wird, zeigen die hohen

Zuschauerquoten. Auszeichnungen und Preise, wie der American Cinema Foundation Award, der Grimme-Preis für mein Lebenswerk, die Goldene Kamera, der Bundesfilmpreis und das Bundesverdienstkreuz, bedeuten mir sehr viel. Die dreiwöchige Retrospektive 2006 im Museum of Modern Art in New York mit siebzehn ausgewählten Filmen aus meiner Produktion war eine schöne Bestätigung für den jahrelangen Einsatz, das bestärkte mich für die Zukunft. Ich möchte noch mehr Preise gewinnen, das motiviert mich auch heute noch, jeden Tag aufzustehen und mein Arbeitspensum zu schaffen. Ich traue mir noch eine Menge zu. Wir werden die Biographie des Arbeiterführers August Bebel, »Die schöne Frau Seidenman« von Andrzej Szczypiorski und den »Henri Quatre« von Heinrich Mann verfilmen, alles wunderbare europäische Projekte. Die Globalisierung macht auch vor unserer Produktionsfirma nicht halt.

Wenn ich mir das Durchschnittsalter der Deutschen bewusst mache, wird mir klar, dass ich mich im letzten Drittel meines Lebens befinde. Meinetwegen könnte alles noch mal von vorn losgehen. Doch da meine Tochter Tanja inzwischen die Mehrheitsgesellschafterin unserer Firma ist und sich entschlossen hat, die Produktionsfirma zu übernehmen, weiß ich, dass mein Lebenswerk in guten Händen ist. Ich bin stolz auf sie, dass sie bereit ist, diese Verantwortung zu tragen. Besser hätte es in diesem Leben für mich nicht kommen können.

Sevim Aydin,
ehemalige Krankenschwester, 60 Jahre

Ich lasse mich gern überraschen

Ich kam im Alter von vierundzwanzig Jahren nach Deutschland und lebe noch immer sehr gern hier. Seit 1972 habe ich in Königswinter als Krankenschwester gearbeitet. Mein Bruder, der schon hier lebte, hatte mir diesen Job vermitteln können. Dafür bin ich ihm immer noch dankbar. Mein Mann bekam damals keine Arbeitserlaubnis, da er schon einunddreißig war. Wir hatten fünf Kinder, in der Türkei bekamen wir keine Arbeit und konnten nicht alle durchbringen. Als Frau hätte ich in der Türkei ohnehin nicht arbeiten können. Also musste ich meine Kinder und meinen Mann zunächst zurücklassen. Ich war entsetzlich traurig, als ich ganz allein abreisen und meine Familie verlassen musste. Aber ich sagte mir, ich schaffe das. Und ich habe es auch geschafft. Das Leben bietet so viel, ich lasse mich gern überraschen.

In der ersten Zeit wohnte ich bei meinem Bruder, und nach neun Monaten konnte auch meine Familie nachkommen, denn ich verdiente inzwischen Geld; wir konnten gut davon leben und sogar noch meine Eltern in der Türkei ein wenig unterstützen. Es ist mir immer sehr wichtig gewesen, weiterzukommen, nicht des Geldes wegen, sondern weil ich wollte, dass meine vier Töchter und mein Sohn eine gute Ausbildung erhielten. Vor allem die Töchter hätten in unserer Heimat zu jener Zeit keine großen Chancen gehabt, sie hätten heiraten, sich unterordnen müssen, das wäre ihre Perspektive gewesen. Meine Kinder sollten selbstbewusste Menschen werden und auf eigenen Beinen stehen. Auch ich habe mich immer im Leben behauptet. Frauen stehen Männern doch in nichts nach.

Trotz meiner Berufstätigkeit habe ich die Kinder so gut wie allein großgezogen. Mein Mann saß die meiste Zeit in türkischen Cafés, während ich das Geld verdiente. Ich richtete ihm dann einen türkischen Lebensmittelladen ein, aber er hat nicht viel gearbeitet und wollte lieber die Kinder arbeiten lassen. Das kam für mich jedoch nicht in Frage, sie sollten zur Schule gehen und lernen. Meine Kinder gehen mir über alles, ich wollte ihnen jede Chance auf eine gute Zukunft geben.

Meine Arbeit habe ich sehr geliebt. Bis 1982 arbeitete ich als Krankenschwester, die folgenden acht Jahre war ich als Altenpflegerin tätig. Die Menschen dort waren alle sehr nett zu mir. Damals, in den siebziger Jahren, war ich die einzige Ausländerin im Krankenhaus in Königswinter, aber ich fühlte mich dennoch nie fremd. Krankenschwestern sind in der Türkei nicht sehr angesehen, das ist in Deutschland ganz anders. Dass ich meinen Beruf nicht mehr ausüben kann, belastet mich sehr. Aber es musste sein, ich hatte mehrere Bandscheibenvorfälle und leide an Osteoporose. Als ich im Krankenhaus eine Patientin tragen musste, stürzte ich mit ihr, sie fiel auf mich, und ich brach mir einen Lendenwirbel. Seither habe ich ständig Schmerzen und wurde frühpensioniert. Die Arbeit fehlt mir, doch ich bin nach wie vor sehr aktiv, ich brauche Aufgaben und helfe anderen immer noch gern. Ich besuche hier in der Gegend alte Menschen, die sich darüber sehr freuen, und ich unterstütze sie, so gut ich kann.

Seit mein Mann sich 2002 wegen einer anderen Frau von mir scheiden ließ, lebe ich allein. Das war ein harter Schlag für mich, denn ich habe ihn sehr geliebt. Es hat mir nie etwas ausgemacht, für den Unterhalt und die Kinder zuständig zu sein. Wir hatten sehr schöne Zeiten zusammen. Leider hat er das ganze Vermögen, das ganze Geld, das ich verdient und gespart hatte, an sich genommen. Das Geld lag auf einem Konto bei einer türkischen Bank, er hatte eine Vollmacht, und nach türkischem Recht konnte er alles abheben. Ich setzte zwar alle Hebel in Bewegung, war in Ankara, schrieb etliche Briefe, aber es hat nichts geholfen. Mein Geld war weg. 2004 starb er an einem Herzinfarkt. Ich glaube, er hat das Ganze bitter bereut, so sehr, dass er daran starb.

Inzwischen lebe ich von meiner Rente, etwa neunhundert Euro, das ist keine hohe Summe, aber ich brauche auch nicht viel. Nur für Reisen hätte ich gern etwas Geld. Ich wollte immer viel von der Welt sehen, doch dafür reicht es jetzt nicht mehr. Im Sommer bin ich oft in der Türkei, wo ich eine Wohnung habe. In jungen Jahren dachte ich nie daran, dass ich im Alter finanzielle Sorgen haben könnte. Zum Glück unterstützen mich meine Kinder ein wenig. Ich bin sehr stolz auf sie. Die Familie ist mir das Wichtigste, wir halten immer zusammen.

An manchen Abenden, wenn ich mich sehr allein fühle, wünsche ich mir wieder einen Partner, aber sicher keinen Türken. Türkische Männer haben Angst vor mir. Ein so eigenständiges Leben konnte ich nur in Deutschland führen. Das wäre in der Türkei nie möglich gewesen.

Ich möchte das Leben noch genießen, deshalb versuche ich jeden Tag sinnvoll zu nutzen. Mein Alltag ist sehr diszipliniert. Auch wenn ich Schmerzen habe oder krank bin, stehe ich auf, ich klage nie. Ich pflege mich, dusche warm und kalt, mache mich zurecht und ernähre mich gut. Ich achte auf meine Figur. Es gibt viele türkische Frauen, die nicht so sehr auf ihr Äußeres achten und dick werden, das gefällt mir nicht. Man muss es nicht übertreiben, aber etwas muss man doch für sich tun. Manchmal gönne ich mir einen Saunatag oder gehe schwimmen.

Als ich noch im Krankenhaus arbeitete, pflegte ich eine alte Dame, die mir immer noch ein Vorbild ist. Sie war Journalistin, eine tolle Frau, sie kämpfte für die Rechte der Frauen und setzte sich sehr für Frauensolidarität ein. Das ist auch mir wichtig. Schon in der Türkei habe ich versucht, die Frauen zu mobilisieren, doch die meisten hatten Angst. Mein Neffe brachte ein Mädchen aus der Türkei mit nach Deutschland und heiratete sie. Ein sehr nettes, feines Mädchen. Doch er behandelte sie schlecht und schlug sie. Ich holte sie zu mir, er kam und trat die Tür ein. Ich ließ mich nicht einschüchtern und brachte seine Frau in ein Frauenhaus. Gerade unter Türken gibt es noch viele alte Rollenklischees, viele Machos. Als Frau muss man kämpfen. Wir dürfen uns eine solche Behandlung nicht gefallen lassen.

Früher war es in der Türkei üblich, dass die Familie sich um die Alten kümmerte. Das ist heute vielfach nicht mehr so. Der Umgang mit alten Menschen hat sich verändert. Diese Leute sind dann wirklich allein, weil der Staat sich nicht verantwortlich fühlt. Ich kenne den Koran auswendig, ich habe die Bibel, aber auch Literatur über andere Religionen gelesen. An ein Leben nach dem Tod glaube ich nicht. Die Vorstellung von einem Paradies finde ich kindisch. Ich glaube nur an den Verstand, an den Menschen. Alles liegt an einem selbst. Das Leben ist so kurz, man muss etwas daraus machen, es anpacken. Und ich muss sagen, ich hatte ein schönes Leben, habe viel geschafft, hatte keine Angst und lasse mich gern noch weiter überraschen.

Luc Jochimsen, Bundestagsabgeordnete, 70 Jahre

Es gibt so viele Herausforderungen

Kunst und Kultur waren für mich immer ein Lebenselixier, schon als Kind, vor allem während der schweren Nachkriegszeit. Wir waren arm, hatten wenig zu essen, kaum etwas anzuziehen. Nach dem Krieg gab es endlich wieder Theateraufführungen, Bibliotheken, Konzerte. Das bedeutete Leben, Aufbruch.

Die Kriegsjahre prägten mich sehr. Zu den schrecklichsten Erinnerungen gehört eine Phosphorbombennacht. Wir waren vor Angst aus den Häusern geflüchtet, Tiefflieger machten regelrecht Jagd auf die Menschen und warfen flüssiges Phosphor ab. Meine nur wenige Monate alte Schwester und ich hatten nach dem Bombardement braune Flecken im Gesicht und an den Händen. Wir dachten erst, es sei Schmutz, bis sich herausstellte, dass das Phosphor unter die Haut und bereits ins Blut gedrungen war. Meine Mutter wurde schwer phosphorverbrannt und litt seitdem an offenen Beinen. Sie war zeitlebens unendlich tapfer, sie trug lange Röcke, verband ihre Füße. Kaum jemand bemerkte ihre schwere Verwundung.

Kurz vor Kriegsende durchschlug ein Bombensplitter meinen Oberschenkel. Ich kam in ein Krankenhaus nach Frankfurt, in einen Bunker unter der Erde. Dort lag ich mit anderen verletzten und sterbenden Kindern. Zu dieser Zeit gab es schwere Angriffe, und meine Eltern konnten diesen Kinderbunker nicht jeden Tag erreichen, um mich zu besuchen. Ich litt entsetzlich, machte mir große Sorgen, dass sie nicht überleben würden, hatte Angst, sie nie wiederzusehen. Das war zutiefst verstörend. Nach zwei Wochen holte mein Vater mich auf eigene Verantwortung dort heraus, obwohl die

Verletzung noch nicht ausgeheilt war. Er merkte, wie schlecht es mir ging, seelisch, nicht wegen der Verwundung.

Bilder aus dieser Zeit verfolgen mich noch heute in meinen Träumen, etwa wenn ich in Schwierigkeiten bin oder vor einer Entscheidung stehe, die mir Sorge bereitet. Ich vermeide es auch immer noch ganz entschieden, durch Unterführungen zu gehen. Lieber überquere ich eine stark befahrene Straße unter Lebensgefahr, als die Fußgängerunterführung zu benutzen. Auch U-Bahnfahren hasse ich. Rational kann ich mich damit auseinandersetzen, aber dennoch versuche ich solchen für mich sehr unangenehmen Situationen auszuweichen.

Als Sechzehn-, Siebzehnjährige litt ich häufig unter Todesängsten und dachte viel darüber nach, wie es wohl sei zu sterben. Diese Ängste entsprangen einer ungeheuren Lebensgier. Nach den Schrecken des Krieges war ich überglücklich, das große Aufatmen, die Lust auf das Leben hatten mich erfasst. Die Angst, das wieder zu verlieren, trieb mich um. Dann las ich Simone de Beauvoirs Roman »Alle Menschen sind sterblich«, über einen Mann, der ewig lebt und das zunächst ganz wunderbar findet, aber irgendwann den Tod sucht und sich in Gefahr begibt, um endlich zu sterben. In diesem Buch wird deutlich, dass an einem gewissen Punkt im Leben doch eine große Müdigkeit kommt, Monotonie einsetzt. Diese Vorstellung fand ich sehr tröstlich, sie hat mir die Angst genommen und mich mit dem Gedanken versöhnt, sterben zu müssen.

Mit achtundfünfzig Jahren war ich als Chefredakteurin zum Hessischen Rundfunk nach Frankfurt am Main berufen worden. Nach Ablauf des Fünfjahresvertrages wurde er noch für zwei Jahre verlängert. An diesem Punkt wurde mir klar, im Alter von fünfundsechzig ist endgültig Schluss mit dieser Festanstellung, eine Art Galgenfrist.

Als Journalistin bin ich aber in der glücklichen Situation, auch weiterhin schreiben zu können. Wenn man Lust und Kraft hat und Abnehmer findet, hört das nicht auf. Daran habe ich nie gezweifelt. Mein Lebensbegriff ist sehr stark von Arbeit geprägt. Arbeit war für mich immer ein Geschenk, eine Erfüllung. Diese Einstellung hat ihren Ursprung in meiner Kindheit, denn ich erlebte meine Mutter, obwohl sie sehr krank war, immer als berufstätige Frau.

Nach meiner Pensionierung suchte ich zunächst nicht nach neuen Aufgaben. Ich gönnte mir den Luxus, mich endlich den Büchern, die ich schon lange lesen wollte, zuzuwenden. Zum einen wollte ich Dostojewski und Tolstoi, die mich sehr beeinflussten, noch einmal lesen, und ich wollte mich mit der griechischen Mythologie auseinandersetzen. Als ich mich mit den Göttersagen Griechenlands beschäftigte, stieß ich durch Zufall auch auf die nordische Mythologie. Das fand ich hochinteressant, und ich las parallel noch über Odin und den ganzen Götterhimmel der nordischen Völker. Monatelang habe ich gelesen, gelesen, gelesen. Das war wie eine Erfrischungskur, mich einfach den Büchern zu widmen, ohne darüber arbeiten zu müssen.

Mein Mann hatte sich schon Gedanken über unseren Ruhestand gemacht und einen wunderbaren Rückzugsort für uns geschaffen, ein Haus in Italien auf dem Land. Uns war es erst etwas unheimlich, plötzlich ständig zusammen zu sein, denn seit 1972 führten wir eine Art Fernbeziehung. Er war monatelang auf Drehreisen, ich lebte an verschiedenen Orten, in Frankfurt, London und Hamburg. Und nun vierundzwanzig Stunden am Tag zusammen sein? Es ging überraschenderweise sehr gut. Er fand eine neue Passion – Golf. Ich klemmte mir meine Bücher unter den Arm, setzte mich auf die Terrasse und war den ganzen Tag vertieft. Abends gingen wir gemeinsam essen – ein wunderbares Leben, dazu noch in dieser schönen italienischen Landschaft.

Nach einem Jahr Idylle kam ich auf die Idee, mich noch einmal politisch einzumischen – für die PDS in Hessen. 2002 ging ich mit dieser Partei in den Bundestagswahlkampf. Das war eine tolle Erfahrung. Hessen rauf und runter, in Kleinstädten auf der Straße stehen, mit den Leuten über das Wahlprogramm diskutieren, Flugblätter verteilen. Eine junge Abgeordnete warf damals die Frage auf, ob ich nicht zu alt für diesen Posten sei. Sie hatte einige Befürworter, die rundheraus fragten, warum man einen so alten Drachen wie mich noch wählen solle. Ich blieb gelassen und wartete die Abstimmung der Delegierten ab. Es kam zu einer Kampfkandidatur, die ich mit einer Zweidrittelmehrheit gewann. Damit war klar: Ja, die PDS brauchte so einen alten Drachen. Dann aber kam die Wahlniederlage im September 2002, die PDS erreichte nur vier Prozent und verlor 34 Mandate. Das politische Kapitel war für mich abgeschlossen – dachte ich.

Mit der Ruhe auf dem Land ging es dennoch nicht weiter. Ich bekam das Angebot, die Theodor-Herzl-Dozentur in Wien zu übernehmen. Für acht Wochen ging ich nach Wien, hielt Vorlesungen und Seminare. Das Arbeiten mit jungen Leuten war sehr spannend, einerseits wussten sie nicht viel, aber sie waren sehr wissbegierig, ihre Neugierde freute mich. Manchmal denke ich, ich bin wie ein Chamäleon, ich kann mich meiner Umgebung schnell anpassen, mich auf alles einlassen, wenn es mich herausfordert.

Das Thema Politik wurde für mich mit der Bundestagswahl 2005 plötzlich wieder aktuell. Die Thüringer Linkspartei fragte an, ob ich wieder mitmachen würde. Im Hinblick auf mein Alter überlegte ich mir das gut. Sollte ich mit neunundsechzig noch etwas Neues wagen? Ich fragte mich, ob ich die Kraft dazu haben würde, denn eins war mir immer wichtig: Wenn ich etwas tue, muss es gut sein, nie mittelmäßig, keine halben Sachen. Andererseits faszinierte mich das Angebot, Bundestagsabgeordnete der Linksfraktion zu werden, natürlich sehr. Ich war schon lange der Überzeugung, dass es eine Linke in diesem Land geben muss, die aus Ost *und* West entsteht. Als Journalistin hatte ich viele Jahre lang die Politik analysiert und kommentiert, nun bekam ich die Chance, sie mitzugestalten. Eine großartige Aufgabe – ich konnte gar nicht ablehnen. Seit 2005 bin ich also Bundestagsabgeordnete bei der Linksfraktion und deren kulturpolitische Sprecherin.

Seither ist der Rhythmus in unserem Privatleben wieder sehr unterschiedlich. Mein Mann ist im Sommer viel in unserem Haus in Italien, ich in Berlin. Es gibt wie früher ein getrenntes Leben im gemeinsamen. Aus dem geplanten Ruhestand in Zweisamkeit ist noch nichts geworden. Es gibt einfach zu viele Herausforderungen.

Ich spüre das Alter eigentlich nicht, merke aber, dass ich eine gewisse Ökonomie, was meine Zeit und Energie betrifft, zunehmend ernst nehme. Ausschusstermine, die ich als nicht so wichtig erachte, muss ich nicht unbedingt wahrnehmen. Morgens früh um sechs in den Flieger, nach Brüssel, um zwei Gespräche zu führen, und abends wieder zurück – das muss nicht mehr sein. Ein Vorteil des Alters ist, dass man sicherer wird, besser weiß, was einem guttut und was nicht. Deshalb habe ich auch keine Angst vor dem Alter. Nach wie vor ist Simone de Beauvoir vorbildlich für mich, wie für viele meiner Generation, eine phantastische Frau. Hildegard Hamm-Brücher verehre ich ebenfalls sehr, sie ist so wunderbar alt geworden und hat immer noch eine solche Strahlkraft und Schönheit. Auch die neunzigjährige Margarete Mitscherlich ist eine großartige Persönlichkeit, ich bewundere sie sehr.

Angst habe ich nur vor einer schweren Krankheit, davor, gebrechlich zu werden, und vor der Reduktion der Persönlichkeit, die damit einhergeht. Ich habe bei meiner Mutter erlebt, wie widersprüchlich der Umgang mit dem Sterben sein kann. Erst sagte sie, wenn ich nicht mehr laufen kann, will ich nicht mehr leben. Als sie nur noch im Sessel sitzen konnte, hieß es, wenn ich nur noch im Bett liegen kann, ist Schluss. Schließlich arrangierte sie sich auch damit und meinte, wenn ich im Krankenhaus lande, will ich nicht mehr, aber selbst dann hing sie noch an jedem Tag.

Ich wünsche mir, so zu sterben, wie ich gelebt habe – schnell. Schon vor zwanzig Jahren habe ich eine Patientenverfügung aufgesetzt. Beerdigt werde ich in unserem Familiengrab bei meiner Mutter in Nürnberg. Auf dem dortigen schönen mittelalterlichen Friedhof war ich schon als Kind oft mit ihr. Es war nie ein Ort des Schreckens für mich, im Gegenteil. Es gab dort einen bronzenen Totenkopf, bei dem man den Kiefer auf und zu klappen konnte – ein tolles Spielzeug. Heute besuche ich ihr Grab zweimal im Jahr, bete und spreche mit ihr. Das ist sehr wohltuend, wie eine innere Reinigung.

Der Abschied von meiner Mutter fiel mir damals sehr schwer. Als sie starb, war ich achtundzwanzig, recht glücklich verheiratet und als Autorin gut beschäftigt. Nach ihrem Tod fühlte ich mich so einsam und verloren, als müsste ich nun endgültig erwachsen werden. Noch heute denke ich oft an sie, überlege in vielen Situationen, was sie wohl dazu gesagt hätte. Von ihr habe ich auch mit auf den Weg bekommen, wirtschaftlich unabhängig zu bleiben. Wenn ich mich daran erinnere, wie wir jedes Mal die gute Stimmung des Vaters abwarten mussten, um über die Anschaffung von Wintermänteln zu sprechen – schrecklich. Seit dieser Erfahrung ist es für mich unvorstellbar, nicht selbst für mich aufzukommen und keine finanzielle Vorsorge für das Alter zu treffen.

Vor etwa dreißig Jahren dachten wir gemeinsam mit einigen Freunden und Kollegen darüber nach, im Alter zusammenzuziehen. Ein mittelgroßes Hotel wäre ideal gewesen, wegen der Räumlichkeiten, viele Badezimmer, Wirtschaftsräume, ein großes Esszimmer. Kein generationenübergreifendes Haus, sondern nur für uns. Wir verstanden uns gut und rechneten aus, dass wir uns gemeinsam auch Hilfspersonal, einen Vorleser, Koch etc. leisten könnten. Leider wurde nichts daraus. Aber andere schaffen es. Ein leuchtendes Vorbild ist zum Beispiel Henning Scherf mit seiner Alters-WG, in der schon zwei Menschen bis zu ihrem Tod gepflegt und betreut wurden. Das finde ich bewunderungswürdig und hoffe, dass viele diesem Beispiel folgen.

Mich freut es, wenn ich sehe, wie viele alte Menschen heute aktiv sind und ihr Leben genießen. Sie gehen auf Reisen, besuchen Museen. Auch an den Universitäten sind viele Spätberufene zu finden – ältere Männer und Frauen, die plötzlich Vorlesungen über Wirtschaftsrecht hören. Ich glaube, es hat noch nie eine Gesellschaft gegeben, in der die Kultur des Lernens so ausgeprägt war wie heute. Die Nachkriegsgeneration muss vielleicht etwas aufholen. Ich finde das prima.

Mein Antrieb ist, dass ich das Leben so unendlich interessant finde. Die Arbeit als kulturpolitische Sprecherin im Ausschuss für Kultur und Medien ist genau das richtige für mich. Mein wunderbarer Mann wird also noch etwas warten müssen, bis wir gemeinsam in Ruhe in Italien auf dem Land leben werden.

Tour 5
NIEDER-ERLENBACH
NIEDER-ESCHBACH
KALBACH
BONAMES
HEDDERNHEIM
ESCHERSHEIM
ECKENHEIM
PREUNGESHEIM
PRAUNHEIM
SACHSEN-HAUSEN

Carla Kellermann, arbeitslos, Mitarbeiterin der Frankfurter Tafel, 53 Jahre

Ich gebe die Hoffnung nicht auf

Es macht mich wütend, dass ich vom Staat abhängig bin. Ich will arbeiten und finde keinen Job. Sobald die Personalchefs auf der Bewerbung mein Geburtsjahr sehen, werde ich nicht einmal mehr zu einem Gespräch eingeladen. Ich bin zu alt, falle durch das Raster und bin plötzlich chancenlos auf dem Arbeitsmarkt. »Wir haben uns für jemand anderen entschieden, Frau Kellermann«, heißt es in den Absageschreiben lapidar. Und am nächsten Samstag sehe ich wieder dieselbe Stellenanzeige in der Zeitung.

Zwölf bis dreizehn Jahre Berufstätigkeit liegen bis zur Rente theoretisch noch vor mir, und bis dahin will ich nicht zu Hause herumsitzen. Niemand sagt mir offen ins Gesicht, dass es an meinem Alter liegt, aber natürlich ist mir klar, dass ich deshalb als schwer vermittelbar abgestempelt werde. Über achtzig Bewerbungen habe ich in den anderthalb Jahren Arbeitslosigkeit geschrieben. Ohne Ergebnis. Dabei würde ich mir auch die Hände schmutzig machen, ich bin mir für nichts zu schade. Ich will Geld verdienen und davon mein Leben und das meiner kleinen Tochter bestreiten können, ich will von niemandem abhängig sein. Das ist eine Frage der Würde, meiner Würde.

Früher, in meiner Ehe, hatte ich solche Probleme nicht. Wir besaßen ein Haus, ein Auto, zwei Motorräder, sind mehrmals im Jahr in den Urlaub gefahren. Dann bin ich gegen eine Achtzehnjährige ausgetauscht worden, verdiente aber weiterhin gut in meinem Job als Montiererin bei der AEG und war finanziell nicht abhängig von meinem Mann. Die Kinder waren bei mir, ein Auto und Urlaub konnten wir uns durchaus leisten – bis ich arbeitslos wurde.

Heute muss ich Angst um meine Rente haben, denn durch die Zeit der Arbeitslosigkeit sinken meine Ansprüche. Momentan kann ich noch nicht einmal meinen verheirateten Sohn in Dresden besuchen. Anderthalb Tankfüllungen brauche ich für die Strecke von Frankfurt nach Dresden. Das ist einfach nicht drin. Existenzängste sind neu für mich. Ich bin Mutter von vier Kindern und habe fünfunddreißig Jahre meines Lebens gearbeitet. Meine elfjährige Tochter lebt noch bei mir zu Hause. Der Vater zahlt keinen Unterhalt. Ich habe Harz IV, bzw. Arbeitslosengeld II für uns beantragt und musste dafür meine finanziellen Verhältnisse offen legen. Mein sechs Jahre altes Auto mit hundertzwanzigtausend Kilometern auf dem Tacho wurde als Vermögen gewertet. Aber wenn ich es verkaufe, bin ich vollkommen immobil und komme nicht einmal mehr zu den Bewerbungsgesprächen. Noch erhalte ich kein Hartz IV, der Antrag läuft. Mein Sachbearbeiter konnte sich mir gegenüber die Bemerkung »Sie gehören mit 1089 Euro Arbeitslosengeld doch noch zu den Spitzenverdienern unter den Arbeitslosen« nicht verkneifen. Solche Worte empfinde ich als reinen Hohn.

Bis zum Herbst muss ich mit meiner Tochter aus unserer Dreizimmerwohnung ausziehen, denn siebzig Quadratmeter stehen zwei Personen nicht zu. Mit diesem Auszug muss meine Tochter ihr gewohntes soziales Umfeld verlassen, und das, obwohl die Situation jetzt schon schwierig genug für sie ist. Momentan ist auf einer Ganztagsschule ihre Betreuung garantiert, wenn ich wieder Arbeit finden sollte. Meine beiden größeren Töchter wohnen in unmittelbarer Nähe und haben ein Auge auf die Kleine. Mit dem Zwangsumzug bricht dieses funktionierende Netzwerk jedoch zusammen.

Nun denken meine Kinder und ich darüber nach, ob wir nicht alle unsere Mieten zusammenwerfen und uns ein kleines Häuschen mieten. Aber es müsste ein Haus mit getrennten Eingängen und eigenen Küchen sein. Denn wenn ich wieder Arbeit finden sollte und dann mit meiner voll erwerbstätigen ältesten Tochter in einer gemeinsamen Wohnung leben würde, käme ich in eine höhere Steuerklasse. Das hieße weniger Geld im Portemonnaie. Ich bin wirklich kein materieller Mensch, Unabhängigkeit ist mir wichtig, aber von irgendetwas muss ich schließlich leben.

Eigentlich träume ich davon, in den Süden zu ziehen, wo ich nie die Heizung anstellen müsste, weil es immer warm ist, immer die Sonne scheint. Wäre ich zwanzig oder dreißig Jahre jünger, würde ich auswandern. Aber in meinem Alter und ohne Fremdsprachenkenntnisse habe ich im Ausland keine Chance.

Es ist alles sehr kompliziert. Wie soll ich meiner Tochter erklären, dass wir uns weder einen Schwimmbadbesuch noch neue Schuhe leisten können? Unser Budget ist beschränkt, der finanzielle Druck wird immer größer. Sauna, Kosmetik, Friseur, das ist inzwischen alles Luxus für mich. Ich brauche jeden Cent für mein Kind. Kleckerbeträge, wie Rechenhefte für die Schule, summieren sich.

Über meine Existenzängste spreche ich nur mit den großen Töchtern. Ohne sie wäre es mit mir in dieser Krise bergab gegangen. Ich fiel in ein tiefes Loch, schlief nur noch, vergaß sogar, die Jüngste von der Schule abzuholen. Ich fühlte mich so wertlos und abgeschoben. Die Kinder haben mich aus meinem emotionalen Sumpf herausgezogen und mir bewusst gemacht, dass ich Verantwortung trage. Aber die Angst, dass mich meine Kraft verlassen könnte, kläre ich mit mir allein. Leider gelingt es mir nicht, mir den Kummer und Dreck von der Seele zu heulen. Es kommen keine Tränen.

Zum ersten Mal stoße ich an meine Grenzen, erreiche meine selbst gesteckten Ziele nicht mehr. Und in der Not bleiben nicht viele Freunde. Viele zogen sich bei den ersten Schwierigkeiten zurück; heute habe ich nur noch einen kleinen Kreis, auf den ich mich verlasse. Seit zehn Jahren lebe ich jetzt ohne Partner und bin auf mich allein gestellt. Mit zunehmendem Alter bin ich auch bei Männern nicht mehr so blauäugig. Allzu viele Zugeständnisse würde ich in einer

Beziehung nicht mehr machen, auch wenn mir die Liebe schon fehlt.

Mein Alter empfinde ich in vielerlei Hinsicht als Blockade. Heute muss man jung und dynamisch sein, schon als vierzigjährige Frau gehört man zum alten Eisen. Da spreche ich wirklich aus eigener Erfahrung. Als ich mit einundvierzig Jahren meine jüngste Tochter zur Welt brachte, musste ich mir hämische Bemerkungen anhören wie: »Wie konnte dir das denn in deinem Alter noch passieren?« Dabei war ich ja selbst geschockt: Als meine Periode ausblieb, glaubte ich, das seien die Wechseljahre. Doch der Frauenarzt stellte eine Schwangerschaft in der vierundzwanzigsten Woche fest. Früher wurde ich für die große Schwester meiner Töchter gehalten, jetzt für die Großmutter meiner jüngsten Tochter.

Meine zusätzliche Altersvorsorge, eine Lebensversicherung, bricht nun ebenfalls weg, ich kann die Beiträge nicht mehr zahlen. Von der staatlichen Rente, die mir zum jetzigen Zeitpunkt zusteht – sechshundertachtzig Euro –, werde ich noch nicht einmal die Miete zahlen können. Meinen Sachbearbeiter im Amt fragte ich, ob er mir bei Selbstmord das Geld für einen Strick geben würde? Er zuckte nur mit den Schultern.

Jeden Tag werde ich älter, die Zeit rennt mir davon. Ein Jahr bin ich jetzt schon arbeitslos, es ist nicht gut, wenn das aus meinen Bewerbungsunterlagen hervorgeht. Meinen Lebensabend mag ich mir unter diesen Umständen gar nicht ausmalen. Nur eine Minderheit der Alten in Deutschland kann sich Kreuzfahrten, Reisen in den Süden und ein Häuschen auf Mallorca leisten. Wir Normalsterblichen müssen sehen, dass wir über die Jahre genug Geld verdienen, um von der Rente überhaupt leben zu können. Manchmal wünsche ich mir, zwanzig Jahre älter zu sein, dann hätte ich meine Rente schon in trockenen Tüchern. In meinem Leben geht es mit zunehmendem Alter abwärts. Ich kann mir nichts aufbauen, nicht die Früchte des Lebens ernten, bei mir bricht vieles weg.

In unserem Land geht die Wohlstandsschere immer weiter auseinander. Seit ich arbeitslos bin, fällt mir die Altersarmut in Deutschland auf, überall sehe ich arme, alte Frauen. Viele Menschen in meinem Umfeld müssen Einschnitte in Kauf nehmen, und besonders kritisch ist der Übergang ins Rentenalter. Noch heute höre ich meinen Vater, der eine Betriebszugehörigkeitsrente bezog, sagen: »Hätte ich dasselbe Geld auf ein Sparbuch gelegt, bekäme ich heute mehr.«

Auch durch meine ehrenamtliche Tätigkeit bei der Frankfurter Tafel wurden mir die Augen geöffnet. Die Tafel versorgt mittellose Bürger mit Lebensmitteln. Sie benötigen dafür den sogenannten »Frankfurt-Pass«, den sie jedoch nur erhalten, wenn ihnen nicht mehr Geld als das Existenzminimum zur Verfügung steht – dreihundertfünfundvierzig Euro. Das ist zuwenig, um zu leben, und zuviel, um zu sterben.

Fünf Mal in der Woche hole ich für die Tafel Lebensmittel und Obst aus Restaurants und Supermärkten ab, deren Haltbarkeitsdatum kurz vor dem Ablauf steht. An den Ausgabestellen wird die Ware dann an Obdachlose und Bedürftige verteilt. Als Gegenleistung darf ich mir so viel Lebensmittel mitnehmen, wie wir als Familie benötigen. Meine Tätigkeit als Tafelfahrerin bringt es auch mit sich, dass ich im Arbeitsrhythmus bleibe, jeden Tag aufstehe und nicht den Tag verbummele. Das ist wichtig für mich.

Ich gebe die Hoffnung nicht auf, dass ich wieder Arbeit finde. Meine Tochter wird mich noch einige Jahre brauchen, ihr will ich ein Vorbild sein. Sie soll nicht in dem Glauben aufwachsen, dass der Staat dafür da ist, ihr Leben zu finanzieren. Gute Ausbildung und Leistung zählt, das soll sie lernen. Den Gedanken, dass es auch in Zukunft so schlecht für mich weitergeht, will ich nicht annehmen. Das hier kann nur ein Lebensabschnitt sein, und ich will das Beste daraus machen.

Steffi Jones, Profifußballerin, 35 Jahre

Manchmal würde ich die Uhr gern ein wenig zurückdrehen

Wenn ich dreißig werde, so war meine Vorstellung, bin ich eine richtige Frau, habe vielleicht Kinder und kleide mich anders, altersgemäß eben. Ich dachte, ich würde insgesamt reifer sein, das hat nicht funktioniert. Wenn ich mich heute elegant kleide, dann für eine Einladung, oder wenn ich mich mal anders zeigen will als stets in kurzen Fußballhosen.

Zu meinem dreißigsten Geburtstag schenkte meine Mutter mir zum erstenmal Tages- und Nachtcreme. Das tut sie seither jedes Jahr, sie will, dass meine Haut so weich bleibt wie all die Jahre zuvor. Über Falten muss ich mir zum Glück noch keine Sorgen machen, aber die ersten grauen Haare sind schon aufgetaucht. Seitdem achte ich streng darauf, sie regelmäßig zu färben.

Körperlich bemerke ich das Alter an den Partynächten, weil diese viel länger an mir zehren. Die Konsequenz ist, dass ich nicht mehr nächtelang feiere. Statt in die Disco zu gehen, ziehe ich mich lieber mit Freunden in einen Biergarten zurück. Auch meine Urlaubsreisen verändern sich, Ibiza und die Partyszene interessieren mich nicht mehr, heute findet man mich eher mit einem Buch in der Hand abseits vom Touristentrubel. Ich habe mir auch eine gesündere Matratze für mein Bett gekauft. Früher war es mir egal, ob ich auf dem Sofa oder auf dem Boden schlief, das kann ich heute nicht mehr. Ich achte auf meine Haltung, sitze im Auto gerade und mache regelmäßig Bauch- und Rückentraining. Ich bin deutlich ruhiger geworden insgesamt.

Seit drei Jahrzehnten spiele ich nun schon Fußball, es überrascht mich selbst, wie schnell die Zeit vergeht. Als Teenager war ich mir sicher, dass ich mit dreißig nicht mehr auf dem Fußballrasen stehen würde. Ältere Spielerinnen versicherten mir damals, dass ich mit sechsundzwanzig Jahren meinen sportlichen Höhepunkt erreichen würde. Daran habe ich nie geglaubt. Und so kam es auch: Mit dreißig hatte ich in sportlicher Hinsicht so eine Art zweiten Frühling, und es ging immer noch weiter. In den letzten zehn Jahren hatte ich, bis auf einen Kreuzbandriss, keine einzige Verletzung.

Doch nun, mit Mitte dreißig, gibt es keine Aussicht mehr auf noch einen weiteren Frühling. Es fällt mir manchmal schwer, mich zu motivieren, kleine Zerrungen, Muskelfaserrisse und andere Verletzungen tauchen auf. Das ist neu für mich, denn bisher war ich immer fit. Ich muss lernen, damit umzugehen. Die wöchentlichen fünf Trainingseinheiten kann mein Körper noch gut verkraften. Doch als noch die Extratrainings für die Frauennationalmannschaft hinzukamen, hatte ich zum ersten Mal in meiner Laufbahn den Gedanken: »Ich kann nicht mehr.«

Nach einem anstrengenden Spiel benötigte ich plötzlich zwei bis drei Tage, um mich zu regenerieren. Ich merkte, dass ich mich sportlich nicht mehr steigern kann, die Leistung stagniert, geht sogar zurück. Schnelligkeit, Sprintfähigkeit und das Reaktionsvermögen nehmen ab. Früher hätte ich mich am liebsten jeden zweiten Tag einem Wettkampf gestellt und bin in meiner Freizeit noch Extraeinheiten gelaufen. Heute schmerzen meine Knie, der Rücken und andere Körperteile nach neunzig Minuten Einsatz.

Sportlern fällt es immer schwer, den Zeitpunkt ihres Abschieds zu bestimmen. Olli Kahn zum Beispiel ist ein guter Torwart, aber mit zunehmendem Alter schleichen sich Fehler in sein Spiel ein, die er in jüngeren Jahren nicht gemacht hätte. Die Liebe zum Sport bringt manche Profis in die Gefahr, nicht aufhören zu können so lange, bis die Experten kommen und dir knallhart ins Gesicht sagen: »Du bist zu alt für diesen Sport.« Mir sind solche Reaktionen gleichgültig, ich muss mit mir im Reinen sein, mich nicht überschätzen, aber auch nicht schlechter machen, als ich tatsächlich bin. Das Alter anzunehmen fällt mir natürlich schwer, denn ich liebe diesen Sport. Ich versuche zu meinem Alter zu stehen, aber die Bemerkung einer jüngeren Spielerin: »Steffi, du bist so alt«, verletzte mich trotzdem sehr. Manchmal würde ich die Uhr gern ein wenig zurückdrehen.

Dennoch, es ist an der Zeit, dass Veränderungen stattfinden und Weichen neu gestellt werden. Eine Saison werde ich noch für meinen Verein, den FFC Frankfurt, spielen. Deshalb treffe ich schon jetzt Vorkehrungen für mein Leben nach der aktiven Sportlerkarriere. Ich träume davon, als erste Frau erfolgreich eine Mannschaft in der Herrenbundesliga zu trainieren. Um dieses Ziel zu erreichen, benötige ich die höchste Fußball-Trainerlizenz. Im Sommer beginnt ein sechsmonatiger Trainerlehrgang in Köln. Dreißig Männer werden zugelassen, aber nur eine Frau. Zwei Mal habe ich mich schon beworben, endlich hat es geklappt, ich bin dabei.

Um aber diesen Schritt in die neue Richtung gehen zu können, musste ich eine schwere Entscheidung treffen. Sechs Monate vor der Frauen-Weltmeisterschaft 2007 saß ich zu Hause und rang mit mir: Schaffe ich eine Weltmeisterschaft mit der Sonderbelastung durch die Extratrainings körperlich noch? Selbstverständlich wäre die Teilnahme ein krönender Abschluss meiner Sportlerkarriere gewesen. In dieser Phase musste ich extrem vorsichtig sein, wem ich mich anvertraue, damit das nicht zu früh an die Öffentlichkeit gelangte. Meine Mutter war mir in dieser Zeit, neben meinem Trainer, dem Manager und der Bundestrainerin, eine wichtige Beraterin.

Ausschlaggebend für meinen Ausstieg aus der Nationalmannschaft war dann letztlich die Verwundung meines Bruders, der US-Bürger ist und als Soldat im Irakkrieg war. Er hat bei einem Einsatz beide Beine verloren. Ich dachte, es ist schon fatal, ich verdiene das Geld mit meinen Beinen, und er verliert sie. Die Amputation seiner Ober- und Unterschenkel hat mich seelisch sehr belastet und mich viel Kraft gekostet. Kraft, die mir für die volle Konzentration auf den Sport gefehlt hätte. Ich entschied, dass mein Bruder, meine Familie in dieser Situation Priorität haben mussten. Zum ersten Mal entschied ich mich gegen den Fußball und für meine Familie. Die Teilnahme an einer Weltmeisterschaft war zweitrangig im Verhältnis zu der Zeit, die ich mit meinem verletzten Bruder verbringen konnte.

Ich nehme mein Leben in die Hand, das gehört zum Älterwerden sicherlich auch dazu. Ein Jahr spiele ich, parallel zum Trainerlehrgang, noch in Frankfurt Fußball – aus finanziellen Gründen. Mit Mitte dreißig werde ich schließlich zum ersten Mal pensioniert, dann habe ich schon ein volles Berufsleben als Profisportlerin hinter mir. Die Rente ist übrigens ein Witz, davon werde ich im Alter nicht leben können. Ich muss also die verbleibende Zeit nutzen, damit Geld auf mein Konto kommt. Ich sorge selbst für meinen Lebensunterhalt, treffe eigenverantwortlich Vorsorgemaßnahmen für mein Alter, etwa mit Geldanlagen in Fonds, einer Lebensversicherung und einer Eigentumswohnung. Viele Fans haben völlig falsche Vorstellungen davon, was man im Frauenfußball verdient. Trotz aller Erfolge sind wir noch immer Amateure. Unser Honorar liegt leider nicht im Millionenbereich wie bei den Männern, auch wenn ich durch die eine oder andere Autogrammstunde ein wenig meinen Lebensunterhalt aufbessern kann. Doch wir sind als Frauennationalmannschaft auf dem Weg zur Gleichberechtigung, und sollten wir 2007 tatsächlich Weltmeisterinnen werden, erhalten die Spielerinnen zum ersten Mal eine richtig hohe Prämie von mehr als 50000 Euro.

Meine Stärke ist es, meine unterschiedlichen Lebensphasen gut zu organisieren. Ich arbeite bereits jetzt im Nachwuchsbereich mit Jugendmannschaften und freue mich, etwas weitergeben zu können. So geht der Fußball in meinem Leben nicht verloren, nur die Schwerpunkte verschieben sich.

Obwohl ich in Deutschland viele sportliche Erfolge gefeiert habe, weiß ich noch nicht, ob ich hier auch meinen Lebensabend verbringen werde. Am liebsten würde ich in die USA gehen. Ich bin zweisprachig aufgewachsen und besitze beide Pässe.

Erstaunlicherweise habe ich in meinem beruflichen und privaten Umfeld kaum Umgang mit alten Menschen. Hier im Fußballclub gibt es den einen oder anderen ehrenamtlichen Mitarbeiter, aber richtig alt sind die auch nicht.

Meine einzige wirkliche Angst vor dem Älterwerden und dem Ende der Sportkarriere ist es, eine richtige dicke Mama zu werden. Lieber wäre ich eine Großmutter, die noch in Turnschuhen vor ihren Enkeln steht. Sich hinter Schönheitsoperationen zu verstecken, sich künstlich zu verjüngen oder etwas vorzutäuschen, was man nicht mehr ist, halte ich für fatal. Jeder von uns ist schön und hat Ausstrahlung, auch mit Narben oder Falten. Man muss sich treu bleiben, nur so altert man in Würde. Ältere Männer mit ganz jungen Freundinnen haben in meinen Augen ein echtes Problem, weil sie auf solche Weise Bestätigung suchen.

Meine Mutter ist Anfang fünfzig und für ihr Alter sehr locker. Sie könnte in meinen Augen noch viel aktiver sein. Das Alter erlaubt es uns, egoistischer zu sein, sich selbst zu verwöhnen. Genau das werde ich auch für mich beanspruchen. Ich freue mich auf meine neue Freiheit. Niemand kann sich vorstellen, wie es ist, ständig Rechenschaft ablegen zu müssen, wenn man einmal nicht zum Training kommt. Das Leben, den Urlaub stets so planen zu müssen, dass alles in den Trainings- und Spielplan passt.

Es war immer mein Traum gewesen, Fußball zu spielen und davon leben zu können, aber ich habe diesem Traum auch viel geopfert. Deshalb freue ich mich darauf, bald feiern, trinken, herumlümmeln und mich ausleben zu können. Jahrelang habe ich Vollzeit gearbeitet, abends ging es dann auf den Fußballplatz, es gab kaum Zeit, die einfach mal frei war, immer diese

Selbstkontrolle. Samstags habe ich den Haushalt gemacht, Einkäufe erledigt, die Mama besucht, und sonntags war ich wieder auf dem Fußballplatz. So war mein wöchentlicher Rhythmus.

Nach dem beruflichen Umbruch kommt nun ganz sicher eine spannende Zeit auf mich zu. Ich freue mich schon jetzt auf die Party zu meinem vierzigsten Geburtstag und die Geschenke meiner Freunde: ein Anmeldeformular für die Weight Watchers, Cindy-Crawford-Fitnessvideos und Gutscheine für die Fußpflege. Das wird lustig.

Sabine Christiansen, Moderatorin und TV-Produzentin, 50 Jahre

Das Alter hat auch Vorzüge

Nach der Trennung von meinem zweiten Mann Theo Baltz habe ich mich erstmals mit dem Älterwerden beschäftigt. In dieser Situation, nach einer siebenjährigen Ehe und mit Mitte vierzig, musste ich mich zwangsläufig mit den Chancen und Möglichkeiten meines Alters befassen.

Dennoch bin ich der Auffassung, dass das Alter auch Vorzüge hat, für mich überwiegen diese sogar. Als ich meinen beruflichen Schritt in die Selbständigkeit wagte und meine Fernsehproduktionsfirma gründete, war es gut, dass ich bereits eine ganze Menge Lebenserfahrung mitbrachte. Das gilt für die Menschenkenntnis beim Umgang mit Mitarbeitern genauso wie für kreative Prozesse bei der Planung neuer Fernsehformate. Das zusätzliche Standbein als Produzentin dient dazu, mein Leben nach der Karriere vor der Kamera finanziell abzusichern. Der Nachteil des Älterwerdens liegt für viele Kolleginnen, insbesondere die der privaten Sender, darin, dass sie üblicherweise nur eine begrenzte Zeitlang vor der Kamera stehen können. Sender wie Sat 1, RTL und Pro 7 ordnen ihre werberelevanten Zuschauer in Altersgruppen von neunzehn bis neunundvierzig Jahren ein. Bei einem Musiksender wie MTV oder VIVA noch mit fünfzig zu moderieren, wäre wohl allenfalls für eine Revival-Sendung möglich, und nicht mal das ist sicher.

Bei den öffentlich-rechtlichen Sendern sehe ich das anders – schließlich gilt es auch der demographischen Entwicklung Rechnung zu tragen. In Kompetenzressorts wie Wirtschaft, Wissenschaft und Politik werden gerade Frauen mittleren Alters vor der Kamera weitaus mehr vom Zuschauer akzeptiert als jüngere Kolleginnen. Da spreche ich nach vierhundertsiebenundvierzig Sendungen aus eigener Erfahrung. Denn nach zehnjähriger Ausstrahlung meiner ARD-Sendung waren es in der Flut von Mails und Briefen gerade die jüngeren Zuschauer, die ihr Bedauern über das Ende der Show ausführlich kundtaten.

Viel zu wenig Beachtung in den Medien findet meiner Meinung nach die schwache Besetzung der Spitzenpositionen in privaten und öffentlichen Sendeanstalten sowie bei Zeitschriften und Zeitungsverlagen durch Frauen. Bis zum mittleren Management, auch bis zur Chefredakteurin steht ihnen der Weg offen, doch weiter oben wird die Luft sehr dünn. Es ist sehr bedauerlich, dass auch in anderen Bereichen der deutschen Wirtschaft die gleiche Situation vorherrscht: Frauen in Führungspositionen sind die Ausnahme. Wir liegen in diesem Punkt noch immer wesentlich hinter dem europäischen Durchschnitt zurück. Daran trägt die Politik erheblich Mitschuld. Erst jetzt debattieren wir über Krippenplätze und andere Maßnahmen, die Frauen in ihrem Fortkommen in der Arbeitswelt längst hätten unterstützen können. Zu lange hat die Politik in den vergangenen Jahren die Familienförderung auf die Erhöhung des Kindergeldes reduziert und sich weder um die wachsende Zahl der Alleinerziehenden noch um die bessere Förderung von Frauen in ausreichendem Maße gekümmert. Die meisten Frauen müssen sich bei uns noch immer zwischen Karriere und Kindern entscheiden. Warum eigentlich? Unsere europäischen Nachbarn, wie beispielsweise die Franzosen oder Skandinavier, machen uns doch längst vor, dass es geht.

Jetzt muss sich die Politik damit auseinandersetzen, wie sie einer schrumpfenden und älter werdenden Gesellschaft Rechnung trägt. Die Meldungen über einen würdelosen Umgang mit Menschen in Alten- und Pflegeheimen müssen der Vergangenheit angehören! Kontrollen, Aufsicht und bessere Reglements für Heime sind ebenso wichtig wie Alternativen für ein individuelles und würdevolles Leben im Alter.

Ich bin in einer Drei-Generationen-Familie aufgewachsen, und wir halten es mit unseren Eltern, Onkeln und Tanten ähnlich. Verantwortung füreinander und Leben miteinander, das ist unser Motto. Durch das Zusammensein von Jung und Alt entsteht viel Verständnis für die jeweils andere Generation. Auch wenn sich mein eigener Kinderwunsch nicht realisieren ließ, habe ich durch das familiäre Zusammenleben mit allen Neffen und Nichten und Kindern im Freundeskreis nie an diesem Manko gelitten.

Ein anstrengendes Single-Dasein, stets im Mittelpunkt der Medien, war im Grunde nie mein Ziel. Das Leben auf dem roten Teppich ist nicht meine Realität. Aus diesem Grund sind auch Schönheitsoperationen für mich kein Thema. Diese Einstellung mag sich in zehn Jahren vielleicht einmal ändern, aber dann ist die Kosmetik-Forschung hoffentlich so weit entwickelt, dass chirurgische Eingriffe im Gesicht nicht mehr nötig sind.

Anne R.,
Rentnerin, 79 Jahre

Ich will doch nicht als alte Frau in der Ecke sitzen

Als ich meinen ersten Mann kennenlernte, wusste ich noch wenig von der Liebe. Es passierte einfach, es war um uns geschehen. Zwei gänzlich unerfahrene, unschuldige junge Menschen traf es wie ein Blitz. Da wurde nicht nachgedacht, ob man wirklich zusammenpasste, wie das die jungen Leute heute tun. Er war ein sehr schöner Mann, wir waren sehr verliebt und wollten so schnell wie möglich zusammen eine Familie gründen. Es war fast eine »heilige« Vorstellung – der Gedanke, dass aus zwei sich liebenden Menschen ein dritter werden könnte.

So gab ich nach wenigen Semestern mein Medizinstudium auf, ich wollte von zu Haue weg und mein Mann drängte auf Heirat. Ich war eben noch zu jung und meinen anerzogenen Vorstellungen völlig verpflichtet. Später in der Ehe mit schnell hintereinander kommenden Kindern habe ich es oft bereut, aber da war es zu spät. Zum Studium zugelassen zu werden war damals ein Privileg, und ich wurde nur immatrikuliert, weil mein Vater eine Praxis vorweisen konnte. So war ich nach dem Abitur, das ich in der Nachkriegszeit in einem Sonderkurs gemacht hatte, über Schuttberge ohne Buchmaterial mit neunzehn Jahren zur Universität gekommen.

Mein Mann stieg langsam bei Ford zum Manager auf und erlaubte mir nicht zu arbeiten. Zweimal habe ich trotzdem Halbtagsarbeit angenommen, was aber wegen der Kinder, Haus, Garten und dem Widerstand meines Mannes nicht lange ging. Vielleicht lag es auch an diesen unterschiedlichen Lebensvorstellungen, dass unsere Ehe keine gute Entwicklung nahm. Ich wollte raus aus der Enge der beschränkten fünfziger Jahre, und mein Mann verharrte in dem Idealbild »Mann/Frau/Kind« – alles am richtigen Ort. Irgendwann ging ich eigene Wege, wir hatten uns auseinandergelebt, und ich versuchte meine Jugend nachzuholen, ich war dreißig Jahre und neugierig auf das Leben. Damals trank ich mein erstes Bier und schlief das erste Mal mit anderen Männern. Mehrmals versuchte ich zu gehen, aber es war aussichtslos.

Dann wurde mein Mann sehr krank. Bauchspeicheldrüsenkrebs. Ich blieb natürlich bei ihm und pflegte ihn bis zu seinem Tode. Er war erst neunundvierzig Jahre alt, als er starb. Ich machte mir Vorwürfe, fürchtete, durch meine Aufmüpfigkeit schuld an seiner Erkrankung zu sein. Sein Tod war eine Erlösung für ihn, und so furchtbar es auch klingen mag, auch für mich. Es fiel mir sehr schwer, mit meinem Gewissen fertig zu werden, ich vergrub mich.

Mit achtundvierzig Jahren – ich hatte eine dreiundzwanzigjährige Ehe mit drei Kindern hinter mir – trat ein Mensch, den ich schon länger kannte, in mein Leben, der mit mir zusammen mein Inneres zu ordnen begann, mir Stütze und Halt gab und mir eine neue Liebe bot. Er war zweimal verheiratet gewesen, hatte aus diesen Ehen vier Kinder und wohnte in Hamburg. Wir waren wie zwei entwurzelte Bäume, die sich gegenseitig stützten. Es war ein großes gegenseitiges Glück. Er war Dozent an der Hamburger Uni und ein gefragter Simultan-Übersetzer. Das war eine ganz neue Welt für mich. Wir reisten durch die ganze Welt, er arbeitete bei Konferenzen, und ich war immer dabei. Es war zwar nicht mein eigenes Arbeitsleben, aber eine viel erfülltere Zeit, als nur Hausfrau und Mutter zu sein. Die Zeit mit meinem zweiten Mann war sehr, sehr schön. Mein Wissensdurst wurde gestillt, und seine Verlässlichkeit und liebevolle Zärtlichkeit machten mich zur glücklichen reifen Frau.

Als ich zweiundfünfzig Jahre alt war, kam ich in eine Situation, in der ich zum ersten Mal das Alter spürte. Ich bekam furchtbare Blutungen, es wurde ein Myom diagnostiziert. Der

Arzt schlug mir eine Totaloperation vor. Ich war entsetzt und befürchtete, dann keine Frau mehr zu sein. Mein Mann bestärkte mich jedoch darin, den Eingriff vornehmen zu lassen. Danach hatte ich ein halbes Jahr große Probleme mit der Sexualität. Ich war einfach nicht mehr in der Lage, Lust zu empfinden. Mit Hilfe meines geduldigen Mannes gelang es mir Schritt für Schritt, die körperliche Liebe wieder genießen zu können, ja, es wurde sogar erst richtig gut und schweißte uns noch mehr zusammen. Leider währte dieses große Glück nur zehn Jahre. Mein Mann starb 1986 an Lungenkrebs.

Ich wollte nicht mehr leben, ich hatte fühlen und erleben dürfen, was Leben und Liebe sein können, und dann war plötzlich alles aus und vorbei. Aus dieser Krise fand ich nur schwer wieder heraus. Ich war nur mit mir und meinem Leid beschäftigt.

Dann irgendwann griff das Leben wieder nach mir. Ich gab mir einen Ruck, ich musste ganz neu anfangen und gab meine beiden Wohnsitze in Hamburg und Leverkusen auf. Einen neuen Anfang in Köln hatten wir sowieso schon gemeinsam geplant, als Alterssitz – eine Eigentumswohnung, in die ich jetzt ziehen wollte. Dennoch ging es mir immer noch sehr schlecht. Ich vermisste meinen Mann und kam nur schwer über den Verlust hinweg.

In dieser Situation forderten die Kinder meines Mannes ihr Erbe. Sie auszuzahlen war schwierig für mich. Ich hatte nur meine kleine Rente und diese Wohnung. Alle rieten mir, die Immobilie zu verkaufen, aber ich wollte unbedingt in dieser schönen Wohnung mit Dom-Blick bleiben.

Was tun? Ich war achtundfünfzig Jahre alt, einen Beruf hatte ich nicht, also kam nur Putzen oder Kinderbetreuung in Frage. Auf meine Annonce meldete sich ein Ehepaar, eine Rechtsanwältin und ein Arzt, die jemanden für die Betreuung ihres Babys suchten. Als ich nach meinen Gehaltsvorstellungen gefragt wurde, antwortete ich, ohne lange nachzudenken, 2500 Mark. Ich hatte keine Ahnung, was man verlangen könne, ich wusste nur, was ich brauchte. 2000 Mark, um alles abzubezahlen, und 500 Mark zum Leben. Wir wurden uns tatsächlich einig. Der Job machte mir Spaß, das Baby, ein Junge, war sehr süß. Nach sechs Jahren hatte ich mein Ziel erreicht.

Da ich mich auch geistig weiterentwickeln wollte, absolvierte ich nebenbei ein Fernstudium für moderne Kunst. Der Schmerz über den Verlust meines Mannes änderte sich, aber es galt, die einsamen Abende und Wochenenden zu füllen. Ich war es nicht gewohnt, allein zu sein, begann eine Ausbildung als Laienschauspielerin und spielte in einer generationenübergreifenden Theatergruppe. Außerdem schloss ich mich einem Netzwerk an, wo ich eine Literaturgruppe gründete. Wir stellen Programme zusammen, machen Lesevorschläge, diskutieren über Bücher. Auch Vorträge, Wanderungen und Spiele werden angeboten. Ich finde es wichtig, dass man Menschen aus seiner Umgebung kennenlernt, sich gegenseitig unterstützt und Telefondienste einrichtet, um sich im Notfall helfen zu können.

Ich fing wirklich ganz neu an. Wenn man sich öffnet, bereit ist, auf andere zuzugehen und etwas Neues auszuprobieren, kann man dies auch im Alter. Viele Frauen haben ein Problem damit, allein auszugehen. Ich nicht. Ich gehe auch allein essen oder ein Kölsch trinken. Manchmal wird man dumm angesprochen, aber ich bin nur selten um eine passende Antwort verlegen. Es scheint noch immer ungewöhnlich zu sein, dass eine Frau in meinem Alter allein unterwegs ist. Aber ich bin kontaktfreudig, schließlich bin ich Kölnerin.

Es gibt mittlerweile in vielen Stadtvierteln Treffpunkte für Menschen ab fünfundfünfzig mit verschiedenen Angeboten. Bei Stadtteilfrühstücken lernt man sich kennen. Meine Tochter – sie ist vierundfünfzig – ist immer ganz entsetzt, wenn sie hört, dass es mit dem Seniorentreff schon in diesem Alter losgeht. Als würde das bedeuten, man gehöre automatisch zum alten Eisen. Ich bin neunundsiebzig Jahre und fühle mich ganz und gar nicht alt. Vor zwei Jahren bin ich mit einer Freundin 2000 Kilometer durch Frankreich gefahren, das Autofahren macht mir immer noch viel Spaß. Es ist ein Unding, älteren Menschen das Autofahren verbieten zu wollen. Ich habe in fünfzig Jahren Fahrpraxis noch keinen Unfall verursacht. Ein Großeinkauf mit Auto ist für Ältere viel praktischer.

Trotz meiner vielen Aktivitäten merkte ich, dass mir doch noch etwas fehlte: Sexualität. Das war immer ein wichtiger Bestandteil meines Lebens. Im Herbst 1991, ich war dreiundsechzig Jahre alt, lernte ich einen neun Jahre jüngeren Mann kennen. Er war mir ein guter Freund, half mir bei der Kinderbetreuung und Pflege meiner todkranken Mutter, und ich hatte auch wieder Sex. Wir fuhren viel aufs Land, wir kauften ein Wochenendhaus in ländlich zurückgezogener Gegend, und in sexueller und kameradschaftlicher Hinsicht war es eine schöne Zeit. Doch geistig harmonierten wir gar nicht. Er konnte mit sich selbst nicht viel anfangen und wartete auf mich und meine Anregungen. Unsere Temperamente waren völlig verschieden, er ist Beamter, ich bin viel flexibler. Am Anfang war das kein Problem, aber am Ende störte mich vieles. Ich zögerte dennoch, ihn zu verlassen, denn natürlich fürchtete ich, dass es meine letzte Beziehung sein würde. Doch es kam schließlich zur Trennung.

Inzwischen will ich keinen neuen Partner mehr. Leidenschaft und Begehren sind auch im Alter vorhanden, selbst wenn der Körper nicht mehr perfekt ist. Man wird vielleicht dicker, aber im Liegen sieht man immer noch gut aus. Man muss selbstbewusst sein, zu seinen Falten und Speckröllchen stehen, auch bei Licht. Das Angenehme am Alter ist ja, dass man nicht mehr mithalten muss. Junge Mädchen möchten, dass man ihnen hinterherschaut. Mir ist das nicht mehr wichtig. Ich bewege mich inzwischen freier. Was im Alter stört, sind nur die kleineren und manchmal auch größeren Wehwehchen.

Langweilig ist mir nie, ich habe genug zu tun. Im Moment lerne ich, einen Laptop und das Internet zu bedienen. Das Internet ist ein Tor zur Welt. Wenn ich nicht mehr in der Lage bin, selbst zu reisen, kann ich immer noch im Netz surfen. Aber eine große Reise möchte ich gern noch machen. In Indien möchte ich den Taj Mahal sehen, dieses riesige, wunderschöne Grabmal, das der Großmogul für seine geliebte Frau errichten ließ. Für diese Reise wollte ich einen Kredit aufnehmen. Meine Wohnung ist ja viel Geld wert, eine große Sicherheit, doch meine Bank lehnte ab, ich sei zu alt, die Erben könnten klagen. Ich sollte sogar einen Zurechnungsfähigkeitstest machen, das fand ich ganz unglaublich, wirklich unverschämt und diskriminierend. Ich habe den Vorfall dem Büro gegen Altersdiskriminierung vorgelegt.

Trotzdem, ich denke immer positiv, schließlich kenne ich die Höhen und Tiefen des Lebens und weiß, es geht immer weiter. Was aber geschieht, wenn ich noch älter bin, das beschäftigt mich. Ich möchte auf keinen Fall in ein Heim. Als wir für meine Mutter einen Platz suchten, habe ich mir einige angesehen – schrecklich. Ich habe sie dann zwei Jahre lang zu Hause gepflegt. Ich möchte auch in meiner Wohnung bleiben. Zum Glück gibt es einen Aufzug, und die Wohnung kann ich so aufteilen, dass eine Pflegekraft bei mir wohnen kann. Meine Kinder werden sich nicht um mich kümmern können, sie sind stark beschäftigt, in Hessen, der Eifel und Düsseldorf. Mein Schwiegersohn hat mir einmal vorgeschlagen, auf seinen Bauernhof nach Hessen zu ziehen. Doch das wäre nichts für mich. Ein Dorf mit sechs Häusern, ich will doch nicht als alte Frau in der Ecke sitzen, Kartoffeln schälen und spülen.

Ich glaube, ich bin für jüngere Leute ein Vorbild, ich kann ihnen die Angst vorm Alter nehmen und gebe immer den Ratschlag, man muss etwas für sich tun, um körperlich fit und geistig neugierig zu bleiben, und sich nicht vor neuen Aufgaben scheuen. Angst vor dem Tod habe ich nicht, nur vor dem

Sterben. Ich habe meine beiden Männer, meine Mutter und meinen Vater beim Sterben begleitet. Es gibt so unterschiedliche Arten zu sterben. Ich glaube, man stirbt so, wie man gelebt hat. Wenn man sein Leben lang den Tatsachen ins Auge gesehen hat, Realist ist, dann fällt es einem leichter, loszulassen. Als mein zweiter Mann starb, bat er mich, ihn gehen zu lassen. Ich hängte ihm ein Foto von einer unserer Reisen zum Ayers Rock in Australien über das Bett, so schaute er auf eine gemeinsame Erinnerung, als er ganz friedlich einschlief. Beim Tod meiner Mutter hingegen war es ein Kampf, sie konnte nicht loslassen. Sie hatte am Leben vorbeigelebt und mich oft beschimpft, weil ich anders lebte als sie. Erst im Alter realisierte sie, was Leben wirklich bedeuten kann. Dreißig Jahre nach dem Tod meines Vaters hatte sie noch einen jüngeren Freund. Ich fand das toll, bestärkte sie darin, auch wenn viele dagegen waren. Das ist ein absurder Vorbehalt, warum sollte man allein bleiben?

Ich werde auf dem Kölner Melatenfriedhof beerdigt, im Familiengrab meines ersten Mannes. Von einem Freund habe ich einen schönen Stein aus dem Atlantik bekommen, auf dem einfach Anne stehen soll. Eigentlich will ich für mich allein sein. Meiner Überzeugung nach sollte man im Leben danach streben, sich zu vollenden. Mein Vorbild ist mein Vater. Er war besonnen und ruhig. Ich bin sehr lebhaft und kämpfe noch darum, ruhiger und weiser zu werden. Aber ich habe das Leben immer genossen und tue es auch heute noch.

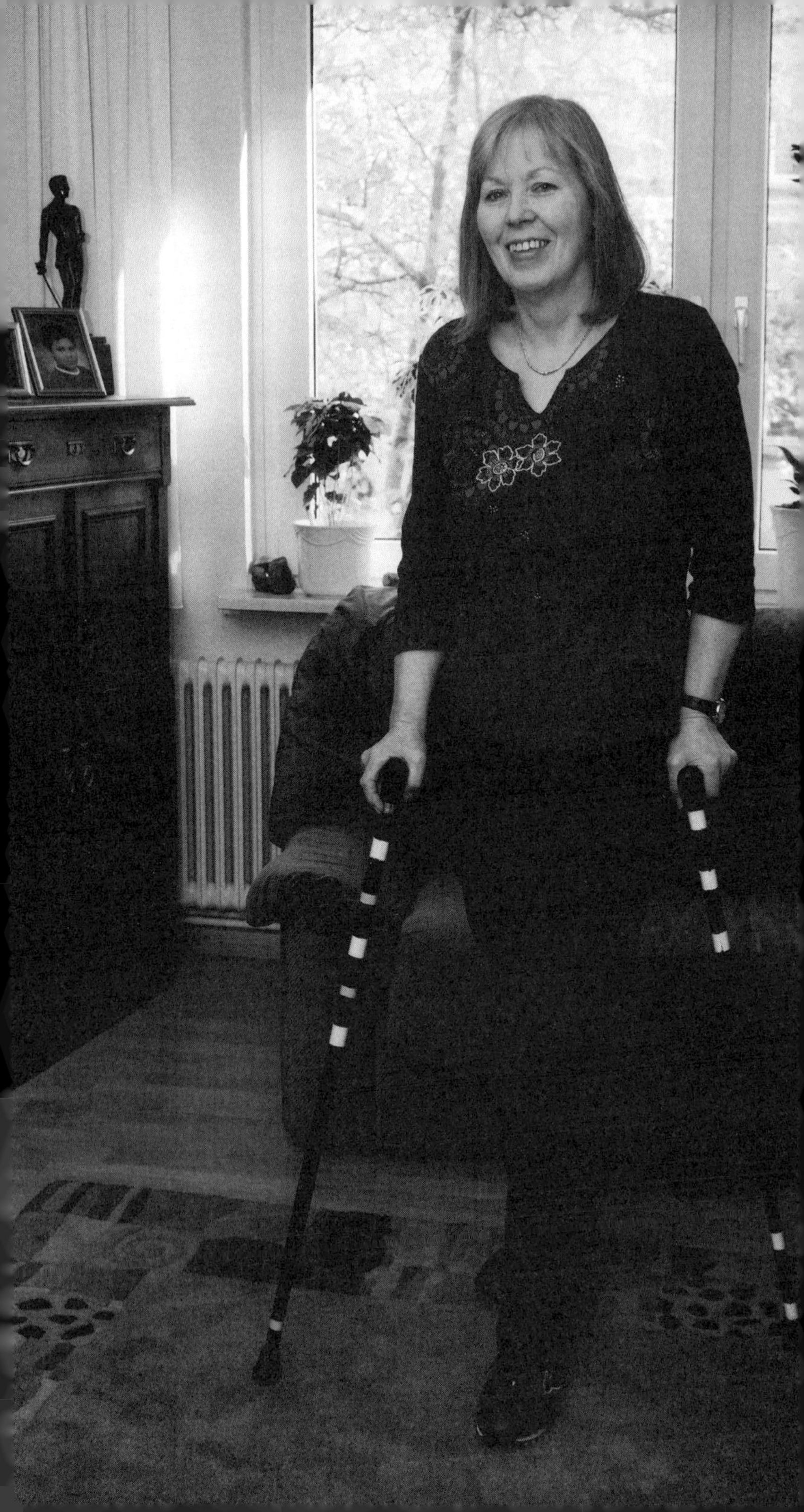

Monika von Trotha, ehemalige Lehrerin, 57 Jahre

Ich möchte so gern noch mal ans Meer

Seit fünf Jahren bin ich frühpensioniert, weil ich an Multipler Sklerose leide. Das war ein großer Einschnitt in meinem Leben: plötzlich aus dem Berufsleben als Hauptschullehrerin herausgerissen zu werden. Der Verdacht auf Multiple Sklerose bestand bereits seit sechs Jahren, doch ich versuchte der Krankheit, den Umständen zu trotzen. Vor acht Jahren folgte dann die endgültige Diagnose. Sie veränderte meinen Lebensrhythmus stark, es wurde immer schwieriger für mich, mein tägliches Soll zu bewältigen. Meine Lebensqualität und Mobilität nahmen ständig weiter ab.

Ich zögerte den Ausstieg aus dem Beruf so lange wie möglich hinaus, aber ich musste diese Entscheidung treffen. Trotzdem wollte ich weiterhin aktiv sein, etwas tun. Ich schloss mich einer Menschenrechtsorganisation an, wo ich zweimal in der Woche ehrenamtlich arbeitete. Außerdem gab ich Englischunterricht, machte Tai-Chi und fand eine Malgruppe. Noch heute male ich mit großer Begeisterung, ich versinke dabei richtig und kann einen Moment lang vergessen, wie schwer das Leben mitunter ist. Es wäre schlimm, wenn ich aufgrund der Krankheit den Pinsel nicht mehr führen könnte. Es gibt immer wieder Schübe, die Einschränkungen im Bewegungsapparat nach sich ziehen, dann kann ich kaum einen Stift halten. In solchen Zeiten trainiere ich konsequent, damit das Schreibvermögen zurückkommt.

Viele MS-Patienten erkranken zwischen Anfang zwanzig und Ende dreißig. Dass ich bei der Diagnose schon Ende vierzig war, machte es für mich leichter, damit umzugehen. Zum einen habe ich viel von dem, was ich heute nicht mehr kann, schon erlebt. Zum anderen kann man in höherem Alter mit Gegebenheiten, die nicht zu ändern sind, anders umgehen. Je älter ich wurde, desto gelassener wurde ich. Ich lernte, die Dinge auf mich zukommen zu lassen. Die Krankheit hat den Vorteil, dass ich nicht mehr in die Zukunft plane. Ich lebe im Hier und Jetzt, denn ich weiß am Morgen eines Tages nie, wie es mir am Abend gehen wird, geschweige denn am nächsten Tag. Pläne über Wochen oder gar Monate zu schmieden hat erst recht keinen Sinn. Früher war das anders. An runden Geburtstagen zum Beispiel setzte ich mir Ziele, die ich bis zur nächsten »Null« erreichen wollte, privat und beruflich.

Im letzten Jahr hatte ich einen schweren Einbruch. Es bestand die Gefahr, dass ich bettlägerig und vollkommen hilflos würde. Aber ich bin ziemlich störrisch. Ich ging sehr konsequent vor und trainierte, bis ich wieder beweglicher wurde. Mit meinen Krücken oder dem Rollator kann ich mich inzwischen wieder innerhalb der Wohnung und auf der Straße bewegen. Allerdings weiß ich nicht, ob ich morgen noch die Treppe aus meiner Wohnung im zweiten Stock hinunterkomme, und einen Aufzug gibt es nicht.

Seit mein Sohn, der viel im Haushalt übernahm und alle Einkäufe erledigte, auszog, helfen mir die Nachbarn, sie leeren den Briefkasten oder machen Besorgungen für mich. Ich musste lernen, um Hilfe zu bitten, das war nicht leicht. Demnächst werde ich in ein Wohnprojekt, ein Mehrgenerationenhaus umziehen. Dazu entschloss ich mich, als klar war, dass mein Sohn ausziehen würde. Ich musste mich abnabeln, Anschluss finden, etwas Neues anfangen. Da ich ein sehr sozialer Mensch bin und Kontakte brauche, habe ich mich für dieses Projekt entschieden. Es ist aus verschiedenen Gruppen, aus der sozialen Selbsthilfegruppe »50 plus« und aus einer MS-Selbsthilfegruppe entstanden. Aber den größten Teil machen Familien aus, die daran interessiert sind, mit mehreren Generationen unter einem Dach zu wohnen. Es wird sechsundsechzig Wohneinheiten geben. Der Gedanke, in einer verlässlichen Nachbarschaft mit netten Leuten zusammenzuleben, gefällt mir sehr. Gemeinschaft ist wichtig, es gibt regelmäßige Treffen der Hausbewohner. Die Wohnung wird auf meine Bedürfnisse hin rollstuhlgerecht konzipiert. Falls ich ein Pflegefall werde, muss ich zwar selbst Hilfspersonal organisieren, aber es ist sehr beruhigend zu wissen, dass immer jemand in der Nähe ist. Auch für meinen Sohn, der nun in Aachen studiert, ist es eine große Erleichterung, denn er weiß, dass in Notsituationen immer jemand für mich da ist.

Für MS-Erkrankte gibt es sonst nur wenige Wohnmöglichkeiten. Wir werden in Deutschland immer noch vor allem in Behinderten- oder Altenheime abgeschoben, und geeignete barrierefreie Wohnungen gibt es nicht genug. Deshalb bin ich froh, ein solches Wohnprojekt gefunden zu haben. Für mich ist es ein Schritt in die Freiheit, ich kann dort mobiler sein, denn die Anlage der Wohnung ermöglicht es mir, mich mit dem Rollstuhl oder einem Elektro-Scooter zu bewegen.

Aufgrund der Krankheit habe ich mir natürlich viel früher Gedanken über das Älterwerden gemacht. Ob ich noch als Frau wahrgenommen werde, war mir dabei eigentlich immer egal. Mit meinen Krücken falle ich sowieso nur Hunden und Kindern auf, die mit ihnen spielen wollen. Viel wichtiger ist, dass ich festgestellt habe, dass es einer langen Vorbereitung bedarf, um sich eine Wohnsituation zu schaffen, die den geänderten Bedürfnissen angepasst ist. Viele Menschen denken an so etwas erst mit siebzig, und dann ist es oft zu spät. Manchmal wird es ja schon zum Problem, einen Haltegriff an der Wand anzubringen, weil das Mauerwerk dazu nicht geeignet ist.

Ich habe oft das Gefühl, dass das Alter in Deutschland weitgehend ignoriert wird. Die meisten Menschen denken, sie würden nie alt. Privat wird häufig keine Vorsorge getroffen, und auch auf politischer Ebene tut sich nicht viel. Niemand ist auf die älter werdende Gesellschaft eingestellt. Schon vor dreißig Jahren fiel mir bei einem Finnlandbesuch auf, dass dort abgesenkte Bürgersteige, Rampen am Supermarkt, Behindertentoiletten und ähnliches absolut selbstverständlich sind. Hier hat man zwar tolle Ideen, aber die Kassen sind leer, das Problem wird verdrängt. Dabei sollte sich jeder frühzeitig mit dem Alter beschäftigen, sich fragen, wie er dann leben will, die Initiative ergreifen, handeln. Wenn man sich früh genug kümmert, hat man viel mehr Möglichkeiten, selbst zu entscheiden. Statt ältere Menschen zur neuen Zielgruppe zu degradieren, weil sie oft über viel Geld verfügen, sollte man ihnen die Möglichkeit geben, in Würde zu altern und selbstbestimmt zu leben.

Ich habe mich inzwischen an die Einschränkungen durch die Krankheit gewöhnt, ich freue ich mich über alles, was ich noch schaffe. Am schwersten ist es für mich, so stark an die Wohnung gebunden zu sein. Ich würde gern wieder reisen. Glücklicherweise bin ich schon viel herumgekommen und habe auch meinem Sohn viel von der Welt gezeigt. Im Moment kämen für mich nur organisierte Behindertenfahrten in Frage, mit Dementen, geistig und körperlich Behinderten und psychisch Kranken, in Häuser, die darauf eingerichtet sind. Das ist nichts für mich. Doch sobald ich in das Wohnprojekt umgezogen bin und einen eigenen Rollstuhl unterbringen kann, habe ich die Möglichkeit, meine Reisen selbst zu organisieren. Ich möchte so gern noch mal ans Meer.

Marie-Luise Marjan, Schauspielerin, 67 Jahre

Neugier ist der Schlüssel zur Jugend

Dass ich in diesem Sommer siebenundsechzig Jahre alt werde, kann ich selbst kaum glauben. Ehrlich gesagt spüre ich das Alter überhaupt nicht. Ich empfinde es eher so, als bliebe ich immer gleich alt und würde mich nicht verändern. Ob ich nun vierzig, fünfzig oder sechzig Jahre auf dem Buckel habe, das macht für mich keinen Unterschied. Wenn ich vor der Kamera stehe, Texte lerne oder Drehbücher lese, tue ich dies alles mit der gleichen Energie wie in den vergangenen Jahrzehnten.

Seit dem Beginn meiner Arbeit als Schauspielerin lebe ich konsequent im Wechsel zwischen Yin und Yang, Anspannung und Entspannung. In allen Lebensphasen habe ich mich nach Strapazen und Stress immer ausgeruht. Nach einem anstrengenden Tag reserviere ich die kommenden vierundzwanzig Stunden ganz für mich. Ich bin mein ganzes Leben lang gut mit mir umgegangen. Spätestens um Mitternacht gehe ich ins Bett, ausreichender Schlaf – täglich acht Stunden – ist für mich sehr wichtig. Im Sommer beginne ich den Tag um sieben Uhr dreißig, im Winter um acht Uhr dreißig. So und nicht anders ist mein Rhythmus.

Gesunde Ernährung und vielleicht auch mein fröhliches Wesen tragen ebenfalls dazu bei, dass ich mich alterslos fühle. Zwar muss ich jetzt eine Brille tragen, und mein Hörvermögen lässt auch nach, doch ansonsten geht es mir ausgezeichnet. So habe ich die Nachteile des Älterwerdens noch gar nicht kennengelernt, aber vielleicht bin ich in dieser Hinsicht ja auch eine Spätentwicklerin. Viele Menschen sind einfach Dauernörgler, sie können sich nicht so akzeptieren, wie sie sind. Ich bin da wie eine Krankenschwester, die sich solcher Selbstzweifler annimmt und ihnen gut zuredet, damit sie sich endlich mögen. In Würde zu altern heißt doch auch, den Prozess des Alterns zu akzeptieren. Der Körper sendet mir Signale, und ich muss ihn ernst nehmen. Wenn man nicht mehr über Stock und Stein springen kann, sollte man sich auf eine Bank setzen und die nächste Generation springen lassen, sich daran freuen und den neuen Lebensabschnitt annehmen.

Dass es mir leicht fällt, jedes neue Lebensjahr anzunehmen, hat wohl auch mit meinem Beruf zu tun. Obwohl dies vielleicht nicht unbedingt branchentypisch ist, wird in meinem Umfeld das Alter durchaus respektiert. Ohne die Rolle der Großmutter mit dem grauen Haar geht am Set der »Lindenstrasse« gar nichts. Unser Produzent Hans Geissendörfer hat immer viel Wert auf die älteren Kollegen gelegt und sie bewusst prominent in der Serie platziert.

Natürlich habe ich inzwischen ein paar Fältchen mehr im Gesicht, die die Kamera auch sieht, doch ich habe damit keine Schwierigkeiten. Im Gegenteil: Blicke ich in den Spiegel, sehe ich, dass ich in meinem Leben viel erreicht habe und mich wohl fühle. Jede Schönheitsoperation würde ich als einen Eingriff in meine Persönlichkeit und Natürlichkeit empfinden. Was ich war und bin, zeichnet sich in meinem Gesicht ab. Das finde ich wunderbar. Meine Mimik ist schließlich mein wichtigstes Werkzeug. Wie soll ich glaubwürdig Lebenserfahrung oder Leiden darstellen, wenn man keine Falte sieht? Es ist ein bisschen wie bei Oscar Wilde, die Menschen deformieren sich durch das Glattbügeln ihrer Gesichter. Das ist schrecklich. In meinen Augen ist jeder Mensch auf seine ganz persönliche Weise wohlgeraten. Gerade seine Individualität macht ihn für andere interessant. Wenn wir alle dem Jugendwahn hinterherlaufen, werden wir uniform.

Ich habe in meinem Leben viel Glück gehabt. Als ich ein Jahr alt war, bin ich adoptiert worden, zu meiner leiblichen Mutter habe ich nach einigen unerfreulichen Begegnungen den Kontakt abgebrochen. Inzwischen ist sie tot. Meine Adoptivmutter ist für mich meine Mama und mein Vorbild. Ich kannte sie immer nur mit einem Knoten im grauen Haar. Sie war bereits Mitte vierzig, als sie mich zu sich nahm, eine feine, zärtliche Dame. Sie war Hutmacherin von Beruf und nähte die schönsten Kleider. Obwohl in der Nachkriegszeit an allem Mangel herrschte, schaffte sie es, ein maigrünes Mohairkleid aufzutreiben, es mit kunstvollen Biesen zu verzieren und mit größter Anmut zu tragen. So war meine Mama. Leider ist sie zu früh gestorben, ich war siebzehn Jahre alt bei ihrem Tod.

Ich selbst habe zwar keine Kinder, aber im Fernsehen und auf Theaterbühnen wurde ich, seit ich mit neunzehn Jahren meine Karriere begann, als Mutter besetzt. Den klassischen Weg durch die weiblichen Rollenfächer von der Tochter, Liebhaberin und Ehefrau habe ich zwar auch durchlaufen, aber beim Fernsehen waren es dann die Mütterrollen, mit denen ich mich durchsetzte. Zwanzig Jahre war ich an Bühnen in Basel, Bonn, Bochum, Karlsruhe, Berlin und Hamburg engagiert. Diese Zeit war sehr intensiv und ausgefüllt. Jeden Tag Proben, abends Vorstellung. Manchmal spielte ich bis zu dreizehn Rollen in einer Spielzeit. Tägliche Proben, die inhaltliche Auseinandersetzung, der Prozess des Rollenstudiums, alles nahm so viel Zeit in Anspruch. Das Ensemble war meine Familie, wir lebten sehr eng miteinander. So habe ich es nie bereut, keine Kinder zu haben. Es gibt verschiedene Wege zu leben.

Ich wollte immer nur Schauspielerin sein und hatte den Ehrgeiz, mich von diesem Beruf auch ernähren zu können. Das ist mir gelungen. Auf der Theaterbühne hat man mir mehr zugetraut als vor der Kamera, dort konnte ich im Gegensatz zum Fernsehen ein breiteres Repertoire zeigen, spielte differenzierte Rollen und temperamentvolle Weiber, wie zum Beispiel die Jenny aus der Dreigroschenoper.

Den Ruhestand kann ich mir gar nicht vorstellen. Mit meiner Rolle der Mutter Beimer in der ARD-Serie »Lindenstrasse« bin ich in festem Engagement, fast wie am Theater. Ich habe Glück, die feste Bindung ist eine verantwortungsvolle Sache, und ich fühle mich dort gut aufgehoben. Trotzdem bleibt mir die Möglichkeit, alle zwei Jahre mal etwas anderes zu drehen.

Sicherlich werden die Rollenangebote im Alter anders sein, aber ich möchte immer arbeiten. Schauspieler sagen nicht einfach von sich aus, so, jetzt ist Schluss mit dem Beruf, das gibt es nicht. Ich will noch viel erleben, reisen oder in einer aufregenden Produktion mitspielen, eine spannende Figur darstellen.

Früher stellte ich mir vor, im Alter ein Haus zu besitzen, inzwischen möchte ich lieber unabhängig sein und nicht an einem Haus kleben, eines zu mieten reicht auch. Ich war nie verheiratet, mein Lebenspartner und ich führen zwei Haushalte in Köln bzw. Hamburg. Keiner von uns sitzt auf dem Sofa und wartet, bis der andere nach Hause kommt. Wir haben beide anstrengende Berufe. Da wir aus derselben Branche kommen, haben wir Verständnis füreinander und wissen, dass der andere nicht ständig anwesend sein kann. So freuen wir uns sehr auf jedes Wiedersehen. Phasen der Nähe und der Distanz wechseln, aber jeden Abend telefonieren wir miteinander, das ist unser Ritual.

Meinen Lebensabend möchte nicht im Ausland verbringen, ich bin mir sicher, dass die deutsche Kultur mir fehlen würde, und viele Kollegen, die sich im Alter in die Sonne abgesetzt haben, erhalten keine Aufträge mehr. Nein, ich bleibe lieber in Deutschland. Hier warten immer neue Aufgaben als Schauspielerin oder im Rahmen meines sozialen Engagements auf mich, die mich fordern und fit halten. Vorträge an der Universität zum Thema »Unicef« zum Beispiel, oder eine Podiumsdiskussion auf dem Kölner Kirchentag. Es muss an meiner Wirkung liegen, dass die Menschen mir ihr Vertrauen für diese wichtige soziale Arbeit schenken. Ständiges Lernen und die Neugier sind die Schlüssel zur Jugend.

Gisela Müller de Reichmann, Rentnerin, 94 Jahre

Rap-Gesang und Hiphop kenne ich auch

In meinem Alter stellt man sich die Frage, was noch machbar ist und was nicht. Finanziell wäre für mich eine eigene Wohnung kein Problem, aber realistisch gesehen könnte ich einen eigenen Haushalt nicht mehr organisieren. Als alleinstehende Dame möchte ich nicht allein die Haustür öffnen, wenn jemand Fremdes klingelt. Deshalb lebe ich im Altenheim, hier fühle ich mich sicherer. Das ist sehr wichtig in meinem Alter. Ich fühle mich hier geborgen, dieses Gefühl der inneren Ruhe hätte ich nicht, wenn ich allein leben würde.

In Deutschland habe ich leider keine Familie mehr. Mein Sohn lebt in den USA. Zweimal im Jahr besuche ich ihn, die Enkel und Urenkel. Meine Familie ist für mich alles. Ich liebe meine Schwiegertochter sehr, aber zwei Frauen aus unterschiedlichen Generationen in einem Haushalt, das würde nicht gut gehen. Deshalb möchte ich nicht bei ihnen leben.

Natürlich gibt man mit dem Einzug in ein Altenheim einen Teil seiner persönlichen Freiheit auf, aber wer braucht das mit Mitte neunzig noch? Mir fällt es im Vergleich zu vielen anderen nicht schwer, mir einzugestehen, wo meine Grenzen sind. Ich war immer eine realistische Frau. Extravaganzen brauche ich in meinem Alter nicht mehr, und Träume habe ich auch keine mehr. Ich habe nur den Wunsch, auch weiterhin in engem Kontakt mit meiner Familie zu bleiben.

Durch meine altersbedingte Schwäche stürze ich leicht. Am Waschbecken oder vor dem Kleiderschrank ereilen mich manchmal ohne jede Vorwarnung Ohnmachtsanfälle. Mittlerweile wird mein ganzes Knochengerüst nur noch durch Nägel zusammengehalten; um mich fortzubewegen, brauche ich meine Gehhilfe. Verstand und Augen sind noch in Ordnung, doch mein Gehör hat nachgelassen, ich muss meinem Gesprächspartner genau auf die Lippen schauen. Hörgeräte helfen mir nicht, deshalb ist das Lippenlesen für mich sehr wichtig. Hier in meinem Sessel am Fenster, mit Blick auf die Fotos der Familie, fühle ich mich am sichersten.

Wie lange ich im Altenheim bin, weiß ich nicht mehr genau. Ich glaube, es war 1990, als ich hier einzog. Vorher habe ich mit meinem Ehemann in einer Vierzimmerwohnung gelebt, bis er zum Pflegefall wurde. Nach seinem Tod bin ich ohne Besichtigungstermin hier eingezogen, ich habe mir gar keine Alternativen angeschaut. Ich wusste, dieser Schritt muss sein, also tat ich ihn.

Alles in allem habe ich ein gutes Leben geführt, auch wenn ich mein Studium der Naturwissenschaften in Berlin während des Zweiten Weltkriegs nicht beenden konnte. Als Jüdin musste ich emigrieren, mein Mann und ich gingen nach Südamerika und bauten uns in Chile ein neues Leben auf. Mein Mann kam mit der südamerikanischen Mentalität nur schwer zurecht, er war sehr deutsch, ich hingegen liebte die Chilenen. Ich arbeitete auf einem landwirtschaftlichen Gut, wo ich für die Verwaltung von achttausend Hühnern und deren Brutstätten zuständig war. Ich hatte nicht die geringste Ahnung, dass zur gleichen Zeit in unserer Heimat rechtschaffene und fleißige Mitbürger ermordet wurden.

Mein Mann hatte bis zum Ausbruch des Krieges in Berlin Philosophie studiert. Sein Professor ging nach Japan und bot ihm an, ihn mitzunehmen. Doch er wollte die Familie nicht verlassen. Mein Mann fehlt mir heute sehr – in geistiger, nicht in sexueller Hinsicht. Bei ihm fühlte ich mich immer geborgen, das fehlt mir. Ich unterhalte mich oft in Gedanken mit ihm, so ist es, als lebte er für mich noch immer. Er leitet mich bei wichtigen Entscheidungen, das fühle ich ganz deutlich.

Wir waren sehr lange miteinander verheiratet – fast fünfzig

Jahre – und zum Glück auch miteinander befreundet. Es war keine Liebe auf den ersten Blick, sie entwickelte sich langsam, nachdem wir uns als Studenten auf einem christlich-jüdischen Studentenball kennenlernten. Wenn ich nicht mehr lebe, will ich neben meinem Mann begraben werden, er liegt auf dem jüdischen Friedhof in Frankfurt. Meine Eltern sind in Israel beerdigt.

Wenn ich auf mein Leben zurückblicke, quält mich ein schwerwiegender Fehler besonders: Mein Mann und ich ließen, als wir als frisch vermähltes Paar nach Chile emigrierten, meine Schwiegermutter in Berlin zurück. Sie war damals sechzig, sie erschien uns uralt. Wir wollten in Chile erst alles aufbauen, wir mussten ja ganz von vorn beginnen. Es schien uns besser zu sein, dass sie zunächst in Berlin ihr gewohntes Umfeld hatte. Später wollten wir sie nachholen. Ihre Post erreichte uns regelmäßig, und wir glaubten, es sei nur eine Frage der Zeit, bis sie zu uns käme. Eines Tages brach mein Mann mit einem Brief in der Hand in seinem Büro zusammen. Meine Schwiegermutter war im Konzentrationslager ermordet worden. Die Nachricht von ihrem Tod ließ meinen Mann schwer erkranken.

Mein Sohn ist in Chile geboren. Seine ersten Lebensjahre waren wirklich die schönste Zeit meines Lebens. Ich hätte sehr gern noch mehr Kinder gehabt, aber wir hatten nach dem Krieg einfach nicht genug Geld, um sie zu ernähren. Anfang der fünfziger Jahre kehrten wir zurück ins Land der Täter. Ich hatte noch viele private Verbindungen aus der Zeit vor dem Krieg, an die ich anknüpfen konnte, und lebte mich schnell wieder ein.

Hier im Altenheim lese ich viel. Mit Vorliebe Thomas Mann und Theodor Fontane. Bei zeitgenössischen Autoren stelle ich oft fest, dass ihre Themen nicht mehr meinem Lebensgefühl und meinen Interessen entsprechen. Deshalb lese ich lieber Klassiker oder naturwissenschaftliche Zeitschriften und nehme gern an der Lesegruppe des Altenheims teil.

Früher kam eine Dame, um mit uns Bewohnern zu basteln, das kann ich leider nicht mehr, nachdem mir infolge eines Sturzes ein Nerv abstarb und mein Arm dauerhaft geschädigt wurde.

Als körperbehinderte Frau kann ich nicht mehr ins Theater gehen, das fehlt mir sehr. Aber ich sehe mir im Fernsehen die Nachrichten und manchmal Tiersendungen an und höre Radio. Rap-Gesang und Hiphop kenne ich auch, die Musik entwickelt sich eben weiter. Wir Älteren müssen uns da mit einer geschmacklichen Beurteilung zurückhalten. Zumindest muss man versuchen, offen zu sein und die Jugend zu verstehen. Ich habe nichts gegen das Alter. Einer vergangenen Jugend hinterherzuweinen ist doch absurd.

Ich habe einige gute Kontakte hier im Haus, ich isoliere mich nicht, aber ich bin insgesamt eher zurückhaltend. Fast täglich kommt ein Rollstuhlfahrer zu einem Gespräch zu mir, ein intelligenter Mensch. Ich freue mich über den Austausch mit ihm. Einsam fühle ich mich nicht, ich habe hier jeden Tag etwas vor. Die Angst vieler alter Menschen vor dem Aufenthalt im Heim kann ich nicht verstehen. Viele wollen ihre Hilfsbedürftigkeit wohl nicht wahrhaben, weil sie den Umzug in ein Altenheim fürchten. Doch man muss im Leben auch Entscheidungen treffen, die schwerfallen. Über dieses Haus kann ich nur das Beste sagen. Das Personal nennt mich beim Namen, alle sind immer freundlich, geduldig und aufmerksam. Hier wird mir alles abgenommen, ich bin sogar ein bisschen faul geworden, denn ich muss mich hier weder um den Abwasch noch um das Kochen oder Putzen kümmern. Allerdings bin ich auch nie eine gute Hausfrau gewesen.

Ich weiß, meine Zeit ist bald abgelaufen. Das Schlimmste ist, dass ich mich nicht mehr auf meinen Kopf verlassen kann. Ich zwinge mich, mich zu erinnern, aber vieles fällt mir nicht mehr ein. Das zu begreifen ist schmerzhaft. Ich bin nicht religiös, als Naturwissenschaftlerin ist mir klar, ich bin eine

Pflanze, die allmählich verblüht. Ich gehe dem Tod ohne Angst entgegen. Durch meine Enkel und Urenkel bleibt ja etwas von mir, das macht mich glücklich. Wenn meine Familie einmal über mich sagt, dass ich versucht habe, ein gutes Leben zu führen, wäre ich glücklich.

Gül Fidan Vurgun, Hausfrau, Geburtsdatum unbekannt

Das Wichtigste ist der Frieden in der Familie

Als meine Mutter starb, war ich zwei Jahre alt. Die neue Frau meines Vaters, unsere Stiefmutter, schlug uns Kinder und gab uns kaum etwas zu essen. Um zu überleben, stahlen wir in der Scheune bei den Tieren Essbares. Wir Mädchen durften die Schule nicht besuchen, und man gab uns für älter aus, als wir tatsächlich waren, damit wir schneller verheiratet werden konnten. Bis heute kann ich weder lesen noch schreiben.

Liebe, die wirkliche Liebe, habe ich in meinem Leben nie erlebt, bis auf die Nähe zu meinen Kindern. Sie gaben mir immer wieder Kraft. Durch sie habe ich viele schwierige Zeiten in meinem Leben meistern können. Als ich jung verheiratet war, lebten wir in Bursa, einem Dorf in der Nähe des Marmarameeres. Meine Schwiegereltern mischten sich in alles ein, schlugen mich und setzten mich unter Druck. Ich wollte mich von meinem Mann trennen und lief sogar für kurze Zeit weg, um ihm deutlich zu machen, dass ich nicht auf diese Art behandelt werden will. Aber wo hätte ich denn hingehen sollen? Ich blieb also, und vor fünfundzwanzig Jahren zogen wir gemeinsam nach Deutschland.

Ich hatte nie ein eigenes Leben, war nie wirklich glücklich. Eigentlich ist mir heute klar, dass ich das Leben nie ausgekostet habe, ich funktionierte nur und ertrug für meine Kinder die schlechte Behandlung durch meine Verwandten. Für sie würde ich alles tun, ihnen sogar meine restliche Lebenszeit schenken, wenn sie dadurch auch nur ein Tag länger leben könnten. Sie haben alle eine gute Schulbildung, darauf habe ich Wert gelegt. Der Wunsch aller Eltern ist doch, dass es den Kindern besser geht als der eigenen Generation. Ich versuche ihnen zu vermitteln, dass sie glücklich sein sollen. Wenn sie viel lachen, werden sie nicht so schnell altern wie mein Mann und ich. Diese Erfahrung möchte ich ihnen mit auf den Weg geben.

Inzwischen haben unsere Töchter und Söhne geheiratet und selbst Familien gegründet, sie leben in Hamburg, Köln, Bonn und der Türkei. Für mich ist das Leben jetzt sorgenfreier. Auch die Beziehung zu meinem Mann hat sich hier in Deutschland gebessert. Jetzt sind wir beide alt und krank, wir teilen unsere Sorgen, und damit wuchs auch unsere Zuneigung zueinander. Heute kann ich auch laut werden und meine Meinung sagen, ohne dass er schimpft oder mich schlecht behandelt. Das ist für mich der Ausgleich für die früheren schlimmen Jahre. Damals hat er mir nicht den Respekt entgegengebracht, den ich verdiente, obwohl meine Kinder mich verteidigten und vor der häuslichen Gewalt in Schutz zu nehmen versuchten. Der innere und äußere Frieden in der Familie und das Familienglück sind nach diesen negativen Erfahrungen sehr wichtig für mich.

Ich schätze, ich bin fünfundsechzig Jahre alt, genau weiß ich es nicht, denn ich besitze keine Geburtsurkunde. Das ist in der Türkei nicht selten. Da ich nicht gearbeitet habe, erhalte ich keine Altersversorgung. Wenn man wie ich auf Vierhundert-Euro-Basis geputzt hat, gibt es keinen Anspruch auf Rente. Mein Mann ist jetzt siebzig Jahre alt, Diabetiker, seit fünf Jahren im Ruhestand und erhält vierhundertsechzig Euro Altersversorgung. Die Kinder unterstützen uns finanziell, und der Staat lässt hier auch niemanden verhungern. Dafür muss man sich auch einmal bedanken, denn in der Türkei ist das anders.

Je älter ich werde, desto öfter denke ich an die Türkei. Bin ich dort, fehlt mir Deutschland, bin ich hier, vermisse ich die Türkei. Spätestens im nächsten Jahrzehnt will ich in der Türkei leben, unabhängig von den Kindern, aber in ihrer Nähe. Ich will niemandem zur Last fallen. Mit den Deutschen bin ich im Laufe der fünfundzwanzig Jahre, die ich in diesem Land lebe, nicht viel in Kontakt gekommen. Ich bin ein Familienmensch, mein Mann war oft krank, meine Aufgaben lagen im häuslichen Bereich.

Ich möchte in der Türkei beerdigt werden, neben meinem verstorbenen Sohn Ali. Er war erst dreiundvierzig Jahre alt, als er 2002 an Lungenkrebs starb. Sein Tod hat mich altern lassen. Der Schmerz und die Trauer waren kaum zu ertragen. Ich bekam Herzprobleme und Bluthochdruck und fühlte mich zum ersten Mal alt. Der Tod eines Kindes ist die schlimmste Erfahrung, die ein Mensch machen kann.

Angst vor dem Alter oder dem Tod habe ich nicht, eher davor, als Pflegefall womöglich hin- und hergeschubst zu werden, weil sich keiner richtig um mich kümmern könnte. In der Realität ist meine Sorge unbegründet. Ich telefoniere fast täglich mit meinen Kindern, sie haben mir angeboten, dass ich, wenn ich nicht mehr allein zurechtkommen sollte, zu ihnen ziehen könne. Das bedeutet mir viel.

In der Türkei zeigen junge Menschen den Alten gegenüber mehr Respekt, als es hier in Deutschland üblich ist. Man lädt die Älteren zum Essen ein, ihnen wird immer ein Sitzplatz angeboten, in Gesprächen zeigt man als junger Mensch Interesse gegenüber ihren Erfahrungen. Gibt ein älterer Mensch einem jungen einen Lebensrat, wird dieser ihn befolgen.

Deutsche Frauen tragen, je älter sie werden, stärkeres Makeup auf. Ich finde, dadurch wird das Alter erst recht sichtbar. Ich selbst kenne keinen Jugendwahn, beobachte ihn jedoch häufig bei Frauen ab einem bestimmten Alter. Ihre Natürlichkeit geht verloren. In meinem ganzen Leben habe ich weder eine Creme noch Make-up benutzt oder meine Augenbrauen gezupft. Nur einmal habe ich mir die Haare gefärbt, aber ich erschrak furchtbar über das Ergebnis. Ich bin immer noch so natürlich, wie ich geboren wurde. Eine Ausnahme bildet nur das Henna, das ich an Feiertagen auf die Hände auftrage.

An persönlichen Wünschen fällt mir nichts ein, das ist eine

ganz fremde Welt für mich. Vielleicht wären ein schönes Haus, Reichtum, Reisen und unverheiratet zu sein mein Traum. Jedenfalls habe ich immer davon geträumt, in den Himmel zu kommen, in meinen Träumen fliege ich wie ein Vogel.

Nina Ruge, Moderatorin, Autorin, 50 Jahre

Mit fünfzig fängt vieles erst an

Als ich im letzten Jahr meinen fünfzigsten Geburtstag feierte, habe ich das bewusst nicht versteckt, sondern bin recht offensiv damit umgegangen, auch gegenüber der Presse. Ich musste immer schmunzeln, wenn Journalisten fragten, ob diese Zahl ein Problem für mich sei. Auch etliche meiner Kolleginnen erwähnen ihren fünfzigsten Geburtstag mit keiner Silbe. Ich kann das sehr gut verstehen, denn das Älterwerden ist tatsächlich für unseren Beruf sehr schwierig. Dennoch setzte ich auf Attacke und gab einige Interviews zu meinem Geburtstag. Wir sind eine Generation von Frauen, die ein ausgeprägtes Selbstbewusstsein hat, auch in beruflicher Hinsicht. Warum sollten wir unser Alter verstecken? Ich fühlte mich jedenfalls an diesem Jubiläum rundum wohl.

Die Verdruckstheit, wenn es um das Alter geht, hat natürlich ihre realen Wurzeln. In unserer Branche nehmen die beruflichen Möglichkeiten im Alter immer weiter ab. Ich habe vor zwei Jahren bei einem Dinner anlässlich der Oscar-Verleihung neben einer erfolgreichen Casting-Agentin gesessen und fragte sie nach Catherine Zeta-Jones, Julia Roberts oder Michelle Pfeiffer. Die Agentin hob die Augenbrauen und sagte, diese Schauspielerinnen seien doch total out – schlicht zu alt. Selbst ein Star wie Cameron Diaz sei dem Verfallsdatum schon nahe. Diesen Zynismus im Showgeschäft, bei Film und Fernsehen, zum Teil auch in der Musikbranche gibt es ohne Zweifel.

Als Frau muss man sich in diesem Metier darauf einstellen, dass man wie ein Fußballer oder eine Tänzerin nur eine kurze Zeitspanne zur Verfügung hat, in der man erfolgreich sein kann. Diese Zeit muss man nutzen, und man muss sich frühzeitig um neue Tätigkeitsfelder kümmern. Nicht viele Schauspielerinnen haben das Glück, zu den Helen Mirrens dieser Welt zu gehören, die Oscar-Gewinnerin, die auch mit sechzig noch gebucht wird. Bei uns zähle ich Persönlichkeiten wie Senta Berger, Iris Berben und zwei, drei weitere Namen zu dieser Gruppe der »Altersprivilegierten«. Das muss man wissen und danach handeln, verstecken hilft nicht.

In meiner Laufbahn habe ich allerdings bisher nur positive Erfahrungen gemacht. Dass ich die Sendung »Leute heute« im ZDF mit fünfzig abgab, hatte nichts mit der Angst zu tun, abserviert zu werden. Die Quote meiner Sendung »Leute heute« stieg kontinuierlich, das bietet den größten Schutz, nicht unfreiwillig gehen zu müssen. Insgesamt zwanzig Jahre täglich auf Sendung zu sein, zuerst mit dem RIAS-Frühstücksfernsehen, dann mit dem »heute journal«, später mit »heute nacht« und dann zehn Jahre lang, bis 2007, mit »Leute heute« , das war eine Erfüllung, ein großes Privileg, aber jetzt war es für mich genug. Nachrichten, politische Talkshows waren lange Zeit mein Hauptmetier – später kam der People-Journalismus dazu.

Eine tägliche Live-Sendung ist natürlich eine Belastung für die Partnerschaft. Aber nicht nur das war der Grund für meinen Ausstieg. Ich suche neue Herausforderungen, will aber auch mehr Zeit für mich und meinen Mann haben. Er ist nach München gezogen, und wir wohnen zum ersten Mal zusammen – seit neun Jahren!

Dass meine Nachfolgerin bei »Leute heute« wesentlich jünger ist als ich, verletzt mich nicht, im Gegenteil, ich habe mich für sie eingesetzt. Karen Webb ist eine qualifizierte Journalistin und kommt optisch sehr gut rüber. Es ist nun mal ein Glamourformat, und eine gewisse Jugend ist da sicher hilfreich.

Im Sommer 2007 starten wir die neue Talkshow »Alles wird gut«, mit zunächst neun Sendungen. Das ist eine großartige neue Chance, aber auch eine Riesenherausforderung. Ich kann in dieser Sendung Themen diskutieren, für die die Zeit reif zu sein scheint: Themen, wie Spiritualität, Glück, Liebe, Selbstheilung, Älterwerden, und Verhaltensmuster erkennbar machen, gemeinsam mit kompetenten Gästen den Zuschauern ein wenig Lebenshilfe und Orientierung geben.

Wie in jedem intensiv gelebten Leben, ändern sich auch bei mir die Interessenschwerpunkte permanent. Aber es gibt einen roten Faden: Meinen Platz in dieser Welt zu erkennen, ihn einzunehmen, zu wachsen und zu reifen, mich Situationen und Herausforderungen zu stellen. Schon mit zwölf schrieb ich an die Wand meines Zimmers: »Wo die Angst ist, geht es lang.«

Über das Älterwerden habe ich mir schon früh Gedanken gemacht. Es tat mir weh, meine Mutter altern zu sehen, und wie sehr sie damit haderte. Sie litt an Krebs. Durch die Einnahme von Cortison veränderte sie sich äußerlich stark, ihr Gesicht schwemmte auf, die Haare wurden dünn. Sie war unglücklich über den Verlust ihrer Jugend und Attraktivität. Ich spürte ihre stille Verzweiflung, obwohl sie nie über ihre Angst vor dem Tod sprach. Das fand ich unendlich traurig, weil sie so einsam in ihrem Leiden war. Sie betrachtete es als Größe, allein damit fertig zu werden, aber es hat ihr Herz eng gemacht, sie verlor ihre Heiterkeit. 1989 starb sie. Schon damals nahm ich mir vor, anders mit einer solchen Situation umzugehen. Sollte mich ein solches Schicksal ereilen, wünsche ich mir, es mitteilen zu können.

Mein Vater hingegen ist auf eine schöne Art gealtert. Er wurde dreiundachtzig und war bis zum Schluss geistig unglaublich fit. Mit fünfundsiebzig begann er Spanisch zu lernen und war auch sonst sehr vielseitig interessiert. Es war nur furchtbar zu sehen, wie er am Ende in die Krankenhaus-Maschinerie geriet. Dieses Ausgeliefertsein war für ihn eine seelische Folter.

Vor dem Tod habe ich keine Angst, doch vor langem Siechtum, vor geistigem Verfall fürchte ich mich. Ich tue einiges, um den Alterungsprozess so lange wie möglich hinauszuzögern. Ich ernähre mich gesund, schwimme, mache Yoga, Atemübungen und walke. Mit Anti-Aging habe ich mich schon beschäftigt, bevor es zum Modebegriff wurde. Ich bin noch nicht in den Wechseljahren, nehme kein DHEA, aber schon länger die Vorstufe eines Hormons, das dem Körper Bausteine für die Hormonbalance anbietet. Mit fünfunddreißig setzt der Hormonabbau bei Frauen ein, über vierzig Jahre unseres Lebens leben wir praktisch ohne Sexualhormone, was einen Abbau von Muskeln und Knochensubstanz bewirkt, Fettdepots werden eingelagert. Deshalb setze ich mich mit Hormonersatztherapien auseinander und würde sie testen, wenn es so weit ist.

Zu den kleinen Zipperlein, die die Jahre mit sich bringen, muss man stehen. Bei mir sind es Rückenprobleme. Ich habe den Fehler gemacht, über zwanzig Jahre lang täglich auf Asphalt zu joggen. So habe ich mir eine Stenose eingehandelt, eine sehr häufig auftretende Verengung des Wirbelkanals. Manchmal wache ich morgens auf und fühle mich ziemlich alt, kann mich nicht richtig bücken. Yoga und täglicher Ausdauersport helfen aber gegen die Schmerzen. Als Moderatorin stehe ich mitunter lange auf der Bühne, da spüre ich den Rücken. Meine heiß geliebten High Heels sind da Gift – also bleiben sie tagsüber im Schrank. Abends dürfen sie aber raus!

Meine Mutter sagte einmal: »Irgendwann im Leben spürst du die Geburt des Todes.« Als ich Mitte dreißig war, erinnerte ich mich plötzlich an diesen Satz. Ich war im Aufbruch, neue Sendungen, neue Städte, neue Herausforderungen. Aber plötzlich war ich nicht wie bisher die Jüngste, die durchstartete, sondern es gab jüngere Kollegen. Das war für mich die erste unmittelbare Erfahrung, dass die Jugend ein Zustand ist, den man erst spürt, wenn er vorbei ist.

Ich möchte auf aktive, glückliche, lebendige Art und Weise alt werden. Ein Mensch sein, der aus seiner Lebenserfahrung schöpft, sich seinen Ängsten stellt und sie auf diese Art überwindet. Es gibt so viele Beispiele von kreativen Menschen, die bis zuletzt große Schaffensphasen hatten, wie Leonard Bernstein, Kurt Masur, Pablo Picasso, Marc Chagall, Michelangelo und viele mehr. Ich bin davon überzeugt, dass man nur jung bleibt, wenn man weitermacht. Sobald man aufhört, kreativ zu sein, wird man alt. Man muss sich fordern, geistig und körperlich.

Da ist zum Beispiel diese zweiundachtzigjährige Frau, die in diesem Jahr den Prix Courage erhalten hat, dessen Verleihung ich moderierte. Sie reist zweimal im Jahr nach Afghanistan und hat im Norden des Landes, in einer sehr gefährlichen Gegend, ein Hilfswerk aufgebaut, hat Schulen errichtet, auch unter der Herrschaft der Taliban. Ich bewundere diese unerschrockene, aktive, lebendige Frau. Sie lebt nicht von, sondern *für* etwas. Mit dieser Aufgabe, die sie sich selbst stellte, half sie nicht nur anderen, sondern verhinderte auch ihren eigenen körperlichen und geistigen Verfall. Sie war achtundfünfzig, als sie damit begann, und engagiert sich seit vierundzwanzig Jahren.

Ich erlebe häufig eine Art inneres Leuchten bei älteren Menschen – sofern sie glücklich altern. Man muss den Dingen nicht mehr hinterherjagen, weil man schon vieles erlebt hat. Man kann besser relativieren, Oberflächlichkeit mit Heiterkeit begegnen, hat mehr Gespür für das, worauf es ankommt im Leben, mehr Tiefe und innere Ruhe. Man muss sich nicht mehr alle zwei Wochen verlieben, braucht keine Komplimente als Bestätigung.

Ich glaube, erst in einem gewissen Alter spürt man, dass nur das Geschenk des Lebens uns glücklich macht, Interessen konsequent zu leben, sich nicht in Ablenkung zu verlieren. Mit Menschen zu leben, die man liebt, sich und das Leben zu lieben, darauf kommt es an.

Mein Mann und ich können uns beide nicht vorstellen, ganz aus dem Job auszusteigen. Er wird natürlich irgendwann die operative Verantwortung des Vorstandsvorsitzenden abgeben, sicherlich aber weiterhin beratend arbeiten. Vielleicht gründet er sogar noch einmal eine eigene Firma, so wie ich ihn einschätze, wird er noch lange weiterarbeiten. Aber unser beider Wunsch ist es, die Bedürfnisse des Körpers und der Seele besser auszubalancieren. Im Moment geht uns beiden der Beruf noch über alles, aber wir versuchen immer wieder kurze Phasen der Erholung einzubauen. Im Alter werden wir sicher noch mehr spüren, dass wir ein anderes Tempo brauchen. Wir haben ein Haus in Italien, wo wir später mehr Zeit verbringen wollen.

Natürlich vermisse ich Kinder in meinem Leben. Eigene Kinder. Ich bin durch die Achtundsechziger-Generation geprägt, ich wollte das Leben und alle Werte neu erfinden, rebellierte gegen die spießige Enge der Nachkriegsjahrzehnte. Wohngemeinschaft statt Reihenhaus. Kleinfamilie? Nein danke. Ich empfand es als ein großes Geschenk, zur ersten Generation von Frauen zu gehören, die Ausbildung, Beruf und Lebensentwurf völlig frei bestimmen konnten. Ich habe mit Leidenschaft meine Berufe gelebt: Lehrerin, Regieassistentin, Journalistin, Moderatorin. Kinder kamen mir in dieser intensiven Phase meines Lebens gar nicht in den Sinn. Sicher hat mich auch beeinflusst, dass meine Mutter uns Kinder als Belastung empfand. Das spürten meine Schwester und ich natürlich, und bei mir löste dies Berührungsängste in Bezug auf das Thema Nachwuchs aus. Als ich mich dann zu einer Familiengründung bereit fühlte, lernte ich meinen Mann kennen. Doch da war ich schon vierzig. Ich habe somit etwas sehr wichtiges nicht erlebt. Das ist einfach so, wie ein blinder Fleck, aber ich bin überzeugt, dass alles im Leben seinen Sinn hat. Alles – auch Niederlagen – geschieht, damit man daran wächst. Wichtig ist, dass man sich mit den tiefen Beweggründen seines Handelns auseinandersetzt.

Mein Motto lautet: »Erkenne dich selbst«. Ich glaube daran, das in jedem von uns nicht nur Seele – sondern auch

»Weltenseele« existiert. Unsere Existenz: ein Wimpernschlag der Geschichte. Unsere Aufgabe: die Welt, die wir nur so kurz bewohnen dürfen, mit Individualität zu füllen, uns zu entwickeln, und dann gehen wir zurück in das, was manche »universelle Intelligenz« nennen, die Kraft, die uns alle bewegt, alles durchströmt. Ich spüre Wahrheit in diesem Gedanken.

Es gibt einen Satz, der mir wichtig ist: Die Zukunft ist hell. Für viele Menschen ist Alter mit Dunkelheit verbunden. Ich glaube aber an die mentale Kraft und bin überzeugt, dass man mit Gedanken viel bewirken kann. Wenn ich daran glaube, dass die Zukunft hell ist, dann öffnet sich ein Fenster. Die Chance, weise zu werden, beflügelt mich.

GORE-TEX

Irma Arndtmann, Hutmacherin, 89 Jahre

Man muss etwas auf sich halten

Ich bin gelernte Modistin und stamme aus einer alten Hutmacherfamilie. Trotz meines Alters stehe ich noch immer jeden Tag in meinem Hutladen. Oft werde ich gefragt, warum ich immer noch arbeite. Auch mein Sohn schimpft manchmal und sagt: »Du hast in deinem Leben schon so lange gearbeitet, hör doch mal auf. Gönn dir etwas Ruhe.« Aber was soll ich allein zu Hause in meiner Wohnung sitzen? Ich mache meine Arbeit sehr gern und mit viel Liebe. Ich brauche meine Kundschaft und meine Hüte einfach.

So stehe ich also jeden Morgen um sechs auf, frühstücke und gehe in den Laden. Mir hilft dieser Rhythmus, ich habe immer etwas zu tun und gar keine Zeit für trübe Gedanken oder Zipperlein. Eine Beschäftigung zu haben ist wichtig, im Alter sowieso. Der Laden bedeutet mir alles. Ich habe viele alte Stammkunden, und ich freue mich immer, sie zu sehen. Die Leute kommen aus Wiesbaden, Darmstadt, von überall her. Manche schauen einfach herein, sehen, dass ich immer noch hier bin, umarmen mich und geben mir einen Kuss.

Ich lebe seit vielen Jahren allein, mein Mann, er war zehn Jahre älter als ich, ist im Krieg gefallen. Es war kein Problem für mich, ohne Mann zu leben, auch hatte ich hin und wieder Beziehungen, ein Engel war ich nicht. Schließlich war ich jung, Anfang zwanzig, verwitwet und allein. Aber verliebt habe ich mich nie wieder richtig, und jetzt ist es sowieso zu spät dazu. In meinem Alter braucht man das nicht mehr. Ich verliebe mich nur immer wieder in meine Hüte.

Leider laufen die Geschäfte inzwischen recht schlecht. Die Leute haben kein Geld mehr. Es gibt Tage, da nehme ich keinen Cent ein. Aber ich brauche auch nicht mehr viel. Meine Freundin Maria hilft mir tagsüber im Geschäft. Mittags bestelle ich etwas zu essen für uns zwei. Um sechs schließe ich, mein Sohn holt mich ab und bringt mich nach Hause. Er hilft mir beim Ausziehen, reibt mir die Beine ein, richtet die Kissen auf dem Sofa und schaltet mir den Fernseher ein. Ich kann mich nicht mehr bücken, weil ich mir einmal die Wirbelsäule gebrochen habe, deshalb kann ich mir die Schuhe selbst kaum an- oder ausziehen. Wenn mein Sohn mich versorgt hat, fährt er zu seiner Frau. Er ist ein guter Junge und kümmert sich rührend um mich.

Abends bin ich sehr erschöpft. So ein Tag im Geschäft ist anstrengend. Ich bin dann froh, wenn ich meine Ruhe habe. Meist schlafe ich vor dem Fernseher ein. So ist das, wenn man alt ist. Ich fühle mich in meinem kleinen Reihenhäuschen sehr wohl. Ich habe noch die alten Stilmöbel meiner Eltern und Großeltern und ein Himmelbett mit Baldachin. Da bin ich ganz altmodisch.

Wichtig ist, dass man sich pflegt. Ich trage jeden Tag ein schönes Kleid und immer einen Hut, ohne Hut ist man ja nicht angezogen. Ich würde gern öfter Hosen tragen, aber das geht nicht, weil ich mich nicht bücken kann. Abends creme ich meine Haut mit einer guten Pflege ein. Ich will nicht zu viele Falten bekommen und noch ein bisschen anständig aussehen. Man muss etwas auf sich halten; schlampig herumzulaufen käme für mich nicht in Frage. Ich kritisiere auch andere, wenn sie sich nachlässig kleiden. Meine Mutter war mir ein Vorbild, sie legte großen Wert auf ihr Äußeres, ihre Kleidung, und hatte eine gute Aussprache. Ich habe sie zu mir genommen, als sie krank wurde, ebenso wie meine Schwiegermutter, und gepflegt. Sie ist siebenundachtzig geworden, dann starb sie an Brustkrebs.

Junge Leute sind oft ungeduldig mit alten Menschen. Manche Kunden, die mich nicht kennen, denken, ich sei zu alt, um sie zu beraten. Viele sind anscheinend der Meinung, dass Alte im Weg sind, eine Last, das spüre ich überall. Ich denke dann immer, ihr könnt froh sein, wenn ihr überhaupt so alt werdet wie ich.

Meine Familie akzeptiert mich, wie ich bin, und meine Enkelin liebt mich sehr. Ich habe ihr mein Haus vermacht und ihr angeboten, zu mir zu ziehen, damit sie nicht so viel Miete zahlen muss. Aber sie hat selbst Familie und wollte das nicht. Jüngeren muss man mitgeben, nichts Unrechtes zu tun und immer ehrlich zu sein.

Früher bin ich gern gereist. Als ich noch viele Angestellte hatte und weg konnte, unternahm ich Kreuzfahrten nach Israel, Ungarn und in die Türkei. Das war schön, aber mittlerweile bleibe ich lieber zu Hause. Mein Sohn und meine Schwiegertochter wollten mich auf ihre Reisen mitnehmen, aber ich sagte: »Lasst mich daheim.« Ich genieße lieber meinen schönen Garten und meine Terrasse.

Jeden Morgen und Abend bete ich und bitte den lieben Gott, mir die Kraft zu geben, das alles noch machen zu können, noch lange erhalten zu bleiben.

Renan Demirkan,
Schauspielerin, 52 Jahre

Mein Lebenswort ist Freiheit

Mein größtes Problem beim Älterwerden sind die sogenannten Hitzewallungen. Das klingt fast ein bisschen niedlich. Ist es aber nicht. Ich meine damit nicht, dass man mal schwitzt, ich meine, dass man von jetzt auf gleich seinen Körper nicht mehr unter Kontrolle hat. Nach fünfzig Jahren besten Gleichklangs muss sich meine gewohnte Welt urplötzlich dem Diktat der Hormone unterwerfen. Völlig hilflos. Plötzlich wache ich des Nachts drei, vier Mal auf, als läge ich auf einer Herdplatte – alles ist heiß – ich bin waschelnass – schmeiß alles von mir, dann – ein paar Minuten später – alles zurück: es ist kalt wie im Winter – mir klappern die Zähne – ich brauche eine Wärmflasche – bis zum nächsten Angriff auf mein limbisches System.

Offensichtlich hat die Natur geplant, dass eine Frau ab fünfzig direkt in die Urne springen soll: Sie kriegt keine Kinder mehr, verliert die Orientierung, fällt in riesige Zweifel, verliert Selbstbewusstsein und sexuelle Attraktivität. Denn was da passiert, ist wirklich nicht sehr sexy, weder für mich noch für meinen Liebsten. Dieser biologische Zwang ist die pure Folter – weil es mich unfrei macht. Ich habe das Gefühl, als teilte sich mein Ich in verschiedene Haufen, die ich jetzt neu zusammenpuzzeln muss. Ich dachte, das hätte sich mit der Pubertät erledigt, aber es fängt grad wieder von vorne an. All diese ohnmächtigen Fragen: Wer bin ich? Was will ich? Wer will ich sein? Kann das so weitergehen? Aber genauso wie damals, als sich eine riesige Wut in mir aufbaute, entwickelt sich auch gerade jetzt eine ungeahnte mobilisierende Kraft gegen diese biologische Willkür: Jetzt erst recht! Ich bin mit fünfzig meinen ersten Marathon gelaufen und will 2009 in New York dabei sein. Das hätte ich mit zwanzig weder gewollt noch geschafft. Nach anfänglichen Irritationen entdecke ich in dieser neuen Phase auch unglaublich viel kreatives Potential, mal sehen, was das nächste Jahrzehnt bringt. Ich will ja leben und nicht leiden! Denn das Älterwerden war seit jeher etwas Positives für mich.

Seit ich bewusst denken kann, wollte ich entweder für immer ein Kind bleiben oder gleich eine Oma sein, eine alte Frau, weil ich meine Großmutter so toll fand. In meinen Augen lebte sie trotz ihres Alters das schönste Leben, weil sie Zeit hatte. Meine Mutter und meine Großmutter waren praktizierende Muslima. Sie glaubten an Gott und folgten den Worten des Korans. Sie lebten Liebe, Anstand, Menschlichkeit und die Fähigkeit zu geben, und ich hatte das große Glück, bei ihnen lernen zu dürfen. Ich lernte von ihnen die Hingabe an den Moment, ihre schier unendliche Liebesfähigkeit prägte mich. Ich bin die Summe all ihrer Erfahrungen, sowohl der guten als auch der traurigen. Ich habe die gleichen Hände wie meine Mutter, und sie hatte die Hände ihrer Mutter. Das sind keine schönen Hände im klassischen Sinn, aber zupackende, machende Hände. Und ich mache auch wirklich alles selbst, so weit es eben geht: Bohren, Umzüge, Haushalt, Kochen. Zum Leidwesen meiner Mitmenschen glaube ich wie meine Mutter auch, dass ich selbst alles besser kann.

Von meinem Vater lernte ich zu streiten und die Liebe zur Philosophie. In jeder Sekunde bin ich gierig danach zu wissen, was passiert, warum etwas passiert. Es ist wie eine Krankheit: Ich muss verstehen. Vielleicht bin ich deshalb so lange den Ereignissen hinterhergerannt, ohne sie selbst zu planen – ohne überhaupt jemals etwas zu planen. Ich war nicht wirklich sicher mit dem, was ich tat, was ich lebte und dachte. Das hat sich völlig geändert. Ich zweifle heute nicht mehr grundsätzlich an mir, stelle nicht mehr so viele Fragen, gebe auch gern Antworten, weil ich dem, was ich weiß und erfahren habe, mittlerweile wirklich vertraue. Und ich bin einverstanden mit der Frau, die ich im Spiegel sehe, trotz der der ständigen Überfälle der Hormonguerilla. Heute plane ich, und es gefällt mir. Auch wenn ich real nicht mehr Zeit habe als vor fünf Jahren, so habe ich dennoch das Gefühl, dass mein Zeitbewusstsein ein anderes geworden ist. Es ist nicht mehr so atemlos, obwohl die Zeit schneller zu vergehen scheint als in meiner Jugend. Es ist fast wie ein körperliches Verhältnis. Ich habe das Gefühl, ich kann die Zeit berühren. Das mag ich am Älterwerden.

Obwohl ich in eine Großfamilie hineingeboren wurde, in der Alt und Jung unter einem Dach zusammenlebten, aßen, arbeiteten und schliefen, hatte ich seltsamerweise die Vision, im Alter allein unter einem Olivenbaum zu sitzen, direkt am Meer, nur den Horizont vor den Augen, ein klares Kornblumenblau über mir und eine gelbe Hitze um mich herum. Das war mein Ideal, schön und friedlich, klingt kitschig, aber es war so. Alt sein war schön. Ich hatte wirklich nie Angst vor dem Alter. Ich habe ja meine Oma gesehen. Sie war die verehrte Queen Mum der Sippe!

Ich lebe heute zwar in einer völlig anderen Gesellschafts- und Familienstruktur, aber ich konnte mir trotzdem nie ein Leben als alterndes Ehepaar, nur zu zweit, vorstellen. Das empfand und empfinde ich als wirklich einsam. Mein Wunsch ist es, später in einer Alten-WG zu leben, mit gleichgesinnten Menschen, mit Achtung und Respekt voreinander – kreativ und frei an jedem einzelnen Tag. Die Ehe war für mich nie ein Lebensmodell. Ich habe zwar immer von großer Liebe und Verlässlichkeit geträumt, Verbindlichkeit und Vertrauen sind das Wichtigste für mich, aber die Isolation in einer Zweierbeziehung ist für mich unerträglich. Ich habe in der Abgeschiedenheit einer Zweierbeziehung auch nicht funktioniert, bin nach sieben Jahren aus der Ehe regelrecht geflüchtet, habe alles stehen und liegen lassen, nur um endlich wieder für mich zu sein. Trotz dreihundert Quadratmeter Wohnfläche und viertausend Quadratmeter Garten war es mir zu eng in diesen Zweier-Gefühlen und Wir-Gedanken, ich musste raus.

Was den Job angeht, hat das Älterwerden bislang keine wirkliche Veränderung bewirkt, weder spiele ich weniger noch mehr. Ich bin sowieso immer schon sehr speziell besetzt worden, sowohl auf der Bühne als auch vor der Kamera. Einerseits weil ich vielleicht ein relativ markanter Typ bin, andererseits aber auch, weil ich nie meinem Alter entsprechend aussah. Im »Bellheim« zum Beispiel spielte ich eine Siebenundzwanzigjährige – war aber bereits zehn Jahre älter. Der Regisseur Dieter Wedel erfuhr erst im Schneideraum mein wirkliches Alter – wahrscheinlich hätte er mich von der Kartei aus nicht besetzt. Heute müssten mir vom Alter her eigentlich Mutterrollen oder ähnliches angeboten werden. Da aber leider bei der Besetzung meist Stereotypen gesucht werden, falle ich sogar durch das Raster einer, wie auch immer gedachten, »typischen Mutterfigur«, obwohl ich selbst eine bekennende Glucke bin.

Trotz meiner guten Gene kann auch ich den natürlichen Alterungsprozess der Haut nicht aufhalten, auch nicht mit der weltbesten Feuchtigkeitscreme. Ich hatte immer eine Super-Haut, jetzt wird sie eben etwas müde. So what? Auch wenn diese Veränderung so plötzlich kam, dass ich mich noch nicht ganz daran gewöhnt habe. Aber Juliette Gréco sagte einmal auf die Frage, ob sie ihre Jugend vermisse: »Ich habe doch nichts verloren, ich habe die Jugend in mir. Ich bin noch dieselbe. Auch die Haut ist noch dieselbe, sie ist einfach nur älter geworden.« Das gefällt mir.

Früher dachte ich, Attraktivität drückt sich vor allem körperlich aus. Das betrifft besonders die Haut, die bei der Sexualität ja eine wichtige Rolle spielt. Ich dachte, alte Haut würde niemand mehr gern streicheln. Das ist natürlich Quatsch. Die Lust ist der Spiegel der eigenen Zufriedenheit. Und wenn man sich selbst mag, bleibt auch die Sexualität schön. Ich finde nicht, dass sie besser wird, aber sie wird auch nicht schlechter. Sie bleibt in dem Maße schön, in dem ich sie mir zugestehe und genießen will. Es klingt wie ein esoterischer Kalenderspruch, ist es aber nicht: Das Wesentliche ist, dass man mit sich im Reinen ist und sich selbst annimmt.

Es ist noch gar nicht lange her, da stand ich an der Ampel und bestaunte eine beneidenswert groß gewachsene junge Frau, und als wollte ich mich selbst ermutigen, sprach es in mir: »Hallo, kleiner Körper, ich liebe dich trotzdem, trotz der zu kurzen Beine, der absolut überflüssigen Cellulite, den leider viel zu dünnen Haaren und auch der etwas zu lang geratenen Nase! Ich liebe dich dafür, dass du mich schon seit Jahrzehnten gesund durch die Gegend trägst, dass in mir ein Kind wachsen konnte und du es mit Unmengen an Milch satt gemacht hast. Ich liebe dich dafür, dass die Synapsen täglich aufs Neue durchstarten und die Zähne kräftig genug sind, in jeder Situation zuzubeißen! Dass die Augen immer wieder Menschen entdecken, von denen ich Neues erfahre. Und ich liebe dich auch für diese knochigen Hände, die keine Arbeit scheuen.«

Dennoch wäre es gelogen, wenn ich behauptete, ich wünschte mir meine glatte Stirn nicht zurück. Ich lasse mir Botox zwischen die Augenbrauen spritzen, weil ich mittlerweile so schlecht sehe – ich bin leider weit- und kurzsichtig, so dass ich mit keiner Gleitsichtlinse scharf sehen kann – und deshalb die Augen immer zusammenkneife. Die Folge ist die sogenannte Zornesfalte, die einen latent bösen Blick macht, den ich aber nicht haben will. Mit Botox wird der Muskel gelähmt, der Blick bleibt entspannt, und ich sehe weiterhin freundlich aus, so wie ich ja auch meistens bin. Ich denke, keiner kann sich dem Jungseinwollen entziehen, warum sollten wir auch. Wir tragen ja unsere Jugend mit uns herum. Außerdem vermittelt Jugendlichkeit Kreativität, Produktivität, Kraft und Dynamik. Alles wunderbare Eigenschaften. Problematisch wird es nur, wenn es zum Programm wird, zum Diktat und zum Maßstab für gesellschaftliche Relevanz. Das heißt ja, dass die Jugend konserviert werden, dass Leben Stillstand werden soll. Dann wird nicht nur die Jugend pervertiert, sondern das Leben, das Sein selbst. Denn Leben ist Veränderung. Stillstand ist der Tod. Mir macht es große Sorgen, dass unsere Gesellschaft nicht gut mit älteren Menschen umgeht. Auch nicht mit den jüngeren, denn das heißt letztlich, dass unsere Gesellschaft nicht gut mit dem Leben jedes Einzelnen umgeht! Egal wer aus dem Produktionsprozess herausfällt, ob alt oder jung oder die dazwischen, er hat schlechte Karten, weil sein Wert nur an seiner Erwerbsleistung bemessen wird. Das ist im Orient, wie ich ihn kennen gelernt habe, anders. Ich lernte schon früh, dass das Alter per se zu respektieren ist. Noch heute küsst man in der Türkei alten Menschen die Hände. In den Dörfern wechseln die Jugendlichen die Straßenseite, damit der alte Mensch seinen Weg ungestört fortsetzen kann. Die grau und krumm Gewordenen werden mit besonderer Wertschätzung behandelt, weil sie sich Jahrzehnte für das Wohlergehen der Familie und der Gemeinschaft geschunden haben.

Ich lernte, dass meine Großmutter schuf, was aus meiner Mutter wurde, und ich daraus gewachsen bin. Dieses Vorleben von Werten und Kontinuität ist in unserer hyperindividualisierten Existenz nicht mehr vorhanden. Ein alternder Mensch wird nur noch als Kosten-Nutzen-Faktor betrachtet. Und weil er nichts mehr zum Bruttosozialprodukt beiträgt, wird er von Jugendwahnsinnigen sogar als »Sozialschmarotzer« diffamiert, als »Ballast für die Dynamik von Erkenntnis und Fortschritt«. Ich sehe darin eine sehr gefährliche Verrohung, die der faschistischen Selektion von »wertem und unwertem Leben« nahe kommt. Die ersten Auswüchse sind bereits in England zu beobachten, wo für alte Menschen die Hilfen – von finanzieller Unterstützung bis hin zu medizinischer Betreuung – einfach eingestellt worden sind.

Angst habe ich vor dem Tod. Das war schon immer so, diese Angst war und ist der Motor meines Lebens. Tod bedeutet Stillstand, und ich kann und will ja nicht stillstehen. Deshalb will ich auch nicht sterben. Und so waren die Friedhöfe denn auch nur Stein gewordene Orte des Schreckens für mich, die ich nie betreten konnte. Aber seit dem Tod meiner Mutter hat sich auch da etwas Grundlegendes geändert. Während ich früher bei dem Wort »Tod« eigentlich nur Angst um mich selbst hatte, geht es mir jetzt ausschließlich um das Wohl und Sein meiner Tochter, wenn ich nicht mehr bin. Denn das Schlimme am Tod ist das Übrigbleiben.

Ich bin übriggeblieben von meiner Mutter. Ich kenne mich aber nur mit ihr und mich auch nur als einen Teil von ihr. Jetzt hat sie mich zurückgelassen, und ich fühle mich wie amputiert. Bei jedem Gedanken an sie tut es mir an der Stelle weh, an der wir mal zusammengewachsen waren – tief innen unter der Bauchdecke. Und ich wünsche mir täglich, ich könnte mal kurz an ihrem Grab vorbeisehen, aber das geht nicht. Denn ich habe sie zurückgebracht in ihr Dorf in der Türkei, wie ich es ihr versprochen hatte, und sie neben ihren Eltern und ihrem Bruder nach islamischer Tradition beigesetzt. Dreitausend Kilometer von mir weg. Damit meine Tochter mich schneller erreichen kann – wenn ich nicht mehr bin – werde ich mir demnächst einen Platz auf dem Kölner Melatenfriedhof ansehen. Vielleicht ist das ja mein erster Schritt zu diesem ominösen Erwachsenwerden, den ich trotz Abitur, Lohnsteuerkarte, Mietvertrag, Kind und Kreditkarten nie vorher gespürt habe. Ich hatte keine Vorstellung, wie sich das denkt und anfühlt. Vielleicht ist dieses Erwachsenwerden ja der Moment, wenn man Frieden schließt mit dem eigenen Ende. Zwar noch sehr zögerlich und auch nicht schmerzfrei akzeptiere ich allmählich, dass ich vergänglich bin und dass auch ich irgendwann nicht mehr sein werde. (Übrigens: Das Älterwerden erscheint mir angesichts dieser Problemlage eher wie eine kleine Fingerübung!) Trotzdem hoffe und bete ich natürlich, dass dieser letzte Tag noch sehr, sehr, sehr fern sein möge.

Und gleichzeitig freue ich mich wie ein Teenager auf meine nächsten Lebensabschnitte als grauhaarige, tolle Frau. Denn ich will auch noch mit achtzig auf ein Rockkonzert. Hoffentlich tritt Bruce Springsteen dann noch auf. Und ich will weiterhin verstehen was passiert, mit mir und mit den anderen. Ich brauche das Leben in all seinen Facetten, und ich hoffe, es wird mir von der obersten Instanz erlaubt sein, noch sehr lange geistig und körperlich fit zu bleiben und mich und andere lieben zu können.

TAXI

Sophia Wührer, Taxifahrerin, 70 Jahre

Früher war der Tod weit weg, heute ist er mir näher

Mein Mann starb 1999, an meinem dreiundsechzigsten Geburtstag. Es war ein Sekundentod. Gerade war er noch lachend und singend unter uns gewesen, und dieselben Freunde saßen am nächsten Tag weinend in unserer Wohnung. Noch nie zuvor hatte ich mich so elend gefühlt, es war für mich sehr schwer, seinen Tod zu akzeptieren. Er war meine große Liebe. Wir hatten uns mit siebzehn Jahren kennengelernt und waren fünfundvierzig Jahre lang ein Paar gewesen. Mir ist durch seinen Tod eigentlich erst klargeworden, wie schnell alles im Leben zu Ende gehen kann. Bis dahin hatten wir ein arbeitsreiches, aber glückliches und fröhliches Leben. Das war es, jetzt kommt das Alter, dachte ich.

Nach seinem Tod fiel ich in ein tiefes Loch, ich empfand eine große Leere, fühlte mich elend und alt. Ich konnte mich in der Zeit weder meinem wunderbaren Sohn noch meinen Freunden zuwenden. Mein geliebter Mann war tot, nur das zählte.

Kurz bevor er starb, hatten wir begonnen, uns auf das Rentnerdasein mit schönen Reisen und viel Zeit in unserem Garten vorzubereiten. Wir wollten unser Taxiunternehmen verkaufen und unseren Lebensabend genießen. Vor siebenunddreißig Jahren bin ich als Fahrerin in das Unternehmen eingestiegen, wir führen das Geschäft in der dritten Generation. Nach dem Tod meines Mannes hatte ich plötzlich die gesamte Verantwortung für die Abrechnungen und das Büro. In der Trauerphase wollte ich sofort alles verkaufen, ich fühlte mich völlig überfordert. Doch schließlich fand sich eine andere Lösung: Mein Sohn kündigte seine Anstellung als Industriekaufmann und übernahm das Unternehmen zusammen mit meiner Schwiegertochter.

Da ich nicht allein zu Hause sitzen und grübeln wollte, bat ich meinen Sohn, mir ein Taxi zu geben. Mit einer Siebentagewoche und mehr als acht Stunden Fahrzeit pro Tag stieg ich wieder in die Berufstätigkeit ein. Die Arbeit hat mir geholfen, die Trauer zu bewältigen, das war meine ganz persönliche Therapie. Mit netten Fahrgästen konnte ich für kurze Momente den Tod meines Mannes vergessen, erschrak aber oft gleich und machte mir Vorwürfe. Im Taxi fühlte ich mich ihm nah, sah ihn an bestimmten Plätzen und Routen immer wieder vor mir.

Doch sobald ich unsere Wohnungstür öffnete und wieder allein in unseren vier Wänden war, spürte ich die Einsamkeit. Zwar war ich es gewohnt, allein zu sein, denn seit der Firmengründung war mein Mann viel nachts gefahren. Doch die Erkenntnis, dass er niemals zurückkommen, nie wieder mit mir auf dem Sofa sitzen würde, war für mich ein Schock. Ich wollte nur noch raus aus der Wohnung, habe aber so schnell nichts Passendes gefunden. Heute bin ich froh, schließlich sind mit diesen Räumen zweiundvierzig Jahre gemeinsame Erinnerungen verbunden.

Die Arbeit half mir, meine Lebensfreude mit der Zeit wiederzufinden. Inzwischen fahre ich nur noch zweimal in der Woche, das reicht mir an Verpflichtungen. Ich fahre ohne Navigationssystem, um mein Gedächtnis zu trainieren. »Mein Sohn ist jetzt mein Chef«, so beginnen oft nette Gespräche mit den Fahrgästen, auf die Frage, ob das mein Wagen sei. Mein Halteplatz in Köln, von dem aus ich die Fahrten starte, ist oft ein Treffpunkt mit den Kollegen. Sind die Jungs mal schlechter Stimmung, gebe ich ihnen einen Kaffee aus. Es tut mir gut, die Mutter der Kompanie zu sein. So angenommen zu werden, wie man ist, das ist ein schöner Teil des Älterwerdens.

Früher lag mein Hauptaugenmerk auf meiner Familie und

einem schönen Zuhause. Ich war eine anlehnungsbedürftige Ehefrau. Zwar habe ich gern gearbeitet, aber an erster Stelle standen immer Haushalt und Familie. Ich war viel weniger entscheidungsfreudig und beteiligte mich kaum an Planungen. Das war schön und bequem zugleich. Heute freue ich mich, wenn mein Sohn mich um geschäftlichen Rat fragt und ich ihm weiterhelfen kann. Er legt Wert auf mein Urteil.

Sollte es mir gesundheitlich einmal nicht mehr so gut gehen, dann möchte ich nicht zu meinem Sohn ziehen und ihn belasten. Doch im Altenheim eine Oma ohne Namen vor dem Fernsehgerät sein, das will ich auch nicht. Ich bin glücklich, noch gut in meiner Wohnung zurechtzukommen.

Früher war der Tod weit weg, heute ist er mir näher, auch wenn ich das Thema verdränge. Ich spreche viel mit einem Pfarrer, den ich immer im Taxi zu den Beisetzungen fahre, darüber. Für meinen Mann war der schnelle Tod ein Segen, für uns Hinterbliebene war er sehr schwer zu begreifen. Noch heute ärgere ich mich, dass ich eine falsche Entscheidung traf und ihn in einem Einzelgrab bestatten ließ, so kann ich leider nicht neben ihm bestattet werden. Mein Vater hat eine Grabstätte für acht Personen, da werde ich dann liegen. Aber weitere Auseinandersetzungen zum Thema Tod finden bei mir nicht statt.

Zumal vor zwei Jahren etwas passierte, an das ich nie geglaubt hätte, ein Wunder: Ich verliebte mich in einen guten Freund meines verstorbenen Mannes. Meine Freunde und Familie teilen mein Glück. Keiner hätte gedacht, dass so etwas noch mal passiert, ich am allerwenigsten. Peters Frau war ein Jahr nach meinem Mann gestorben, wir kannten uns alle sehr gut, die beiden waren genau wie wir lange und glücklich verheiratet. Wenn ich ihn sah, dachte ich immer nur, der arme Kerl leidet genau wie ich.

Zunächst war es für uns beide eher eine Freundschaft. Wir unterstützten uns. Ich kannte ihn so viele Jahre und sah ihn nie als Mann, eher als Freund. Plötzlich saßen wir im Theater,

Restaurant immer nebeneinander. Als ich mich dann in ihn verliebte, war es zunächst ein Schock für mich, ich wollte mich erst gar nicht darauf einlassen, als würde ich mit einer neuen Liebe meinen Mann betrügen. Aber diese Schmetterlinge im Bauch, mit fast siebzig Jahren, das war sehr schön. Wir haben jetzt eine wunderbare Beziehung. Zwar leben wir nicht in einer Wohnung zusammen und wollen nicht heiraten, verbringen aber unsere gesamte Freizeit miteinander, genießen unseren Schrebergarten, gehen gern in die Sauna, zum Schwimmen und Radfahren und verreisen viel gemeinsam. Die Tasche packen und abdüsen zu können, das genießen wir. Ich bin keine reiche Frau. Wir sind zwar finanziell gutgestellte Rentner, aber auf dem Boden geblieben. Die Urlaube, Theater- und Restaurantbesuche sind durchaus ein Luxus für uns, ich weiß, dass viele Rentner in Deutschland sich das nicht mehr leisten können.

In Kürze steht mein siebzigster Geburtstag bevor. Wenn ich daran denke, wird mir ganz mulmig. Im Fernsehen werden Siebzigjährige stets als alte Herrschaften auf der Parkbank dargestellt, zu denen will ich auf keinen Fall gehören. Nach dem Tod meines Mannes feierte ich meinen Geburtstag zunächst gar nicht mehr, denn er war immer zugleich der Todestag meines Mannes und voller trauriger Erinnerungen. Doch dieses Jahr gibt es ein Fest. Es ist eine große Erleichterung, dass mein jetziger Partner meinen verstorbenen Mann gekannt hat. So trösten wir uns gegenseitig an solchen besonderen Daten.

Mit dem Glück einer neuen Partnerschaft, wenn Mann und Frau auch gesund sind, ist die Sexualität kein Problem und kein Tabu in unserem Alter, auch wenn ich nicht mehr die Figur eines Teenagers habe und mein Gewicht kontrollieren muss. Im Alter ist weniger mehr, ich schminke mich zarter, behänge mich nicht mit soviel Schmuck. Man muss sich eben ein wenig zurücknehmen.

Alle meine Träume sind mir im Leben erfüllt worden.

Heute habe ich nur noch den Traum, mit meinem Partner weiterhin glücklich und gesund zu bleiben. Ich bin bescheiden geworden. Ich wünsche mir, dass unsere Partnerschaft hält, das würde mich glücklich machen. Und vielleicht kann ich anderen Frauen in meiner Situation und meinem Alter Mut machen, dass am Ende eines Tunnels auch wieder Licht folgt.

Frauke Ludowig, Moderatorin, 42 Jahre

Zwanzig möchte ich nicht mehr sein

Ich bin in einem Mehrgenerationenhaus aufgewachsen. Jeden Tag um Punkt halb eins saßen mein Bruder und ich, mein Onkel, die Eltern und Großeltern gemeinsam am Mittagstisch. Während meiner Banklehre bin ich jeden Tag nach Hause geradelt, um das Essen im Familienkreis nicht zu verpassen. Obwohl in der Metzgerei meiner Eltern ständig das Telefon klingelte oder Kundschaft in den Laden kam, diese halbe Stunde war für das Zusammensein der Familie reserviert, das war wunderbar. Heute, zwanzig Jahre später, lege ich noch immer großen Wert auf solche festen Rituale, auch wenn es oft schwer ist, meine eigene Familie, meinen Mann und unsere zwei kleinen Kinder, an einen Tisch zu bekommen.

In meinem Elternhaus habe ich miterlebt, wie aufopferungsvoll meine Mutter unsere Großeltern bis zu ihrem Tod zu Hause pflegte. Meine Großmutter war ein positives Beispiel, wenn es um die Würde im Alter geht. Ihr Gesicht war voller Falten, die jahrelange schwere Feldarbeit hatte Spuren hinterlassen. Ab siebzig färbte sie sich die Haare nicht mehr, und trotzdem war sie wunderschön.

Für den Fall, dass meine Eltern pflegebedürftig werden, wäre es für mich selbstverständlich, für sie da zu sein. Die Abschiebung in ein Heim käme für mich nicht in Frage. Die beiden sind meine Vorbilder, an sie wende ich mich mit meinen Problemen und Fragen, gerade wegen ihrer Lebenserfahrung. Es ist sehr schön, wenn die eigenen Eltern auch zu Freunden werden. Meine Familie ist für mich ein wichtiger Ausgleich zu meinem Beruf und der Welt der Stars.

Ich habe mich nie als Teil der Prominenz empfunden wie vielleicht der ein oder andere Kollege. Zwar lehne ich die Welt des Glamours nicht ab, im Gegenteil, sie ist aus beruflicher Sicht sehr interessant, doch privat gehe ich nie auf eine Promiparty. Natürlich werde ich durch meine tägliche Medienpräsenz auch auf der Straße erkannt, aber gerade weil ich mich in einer ähnlichen Situation befinde wie die Prominenten, vertrauen sie sich mir leichter an.

Leider kommt in meinem beruflichen Alltag das ganz normale Leben zu kurz. Alle vier Wochen habe ich das Bedürfnis, mich zu erden, und fahre für ein Wochenende aufs Land. Nur mit gesundem Menschenverstand und Bodenhaftung übersteht man souverän Oscar-Partys, Superstars und Hollywood.

In den letzten Wochen haben wir in Sankt Moritz mit ausschließlich schwerreichen Leuten gedreht. Fast alle der Interviewpartner hatten bereits eine Schönheitsoperation hinter sich. Prominente sprechen mit mir offen über ihre chirurgischen Eingriffe. Im Rahmen unserer Oscar-Sondersendung haben wir eine Rubrik, in der die Stars vor und nach einer Schönheitsoperation gezeigt werden. Wenn ich die Ergebnisse dann sehe, ist es mir oft ein Rätsel, warum mancher Chirurg seine Lizenz nicht verliert.

In anderen sozialen Schichten ist dieses Phänomen nicht so ausgeprägt. Für Frauen, die in der Öffentlichkeit stehen, ist es aber ein Problem, morgens im Spiegel eine neue Falte zu entdecken. Für diese Frauen ist Alter ein Makel, es fällt ihnen schwer, mit seinen Folgen zu leben, in Hollywood erst recht. Sie lassen dann an sich herumschneiden und behaupten hinterher über Jahre hinweg, immer noch Ende zwanzig zu sein. Aber es ist ja auch wahr: Wir sehen uns alle nur zweimal täglich im Badezimmerspiegel, doch die Stars stehen unter großem Druck, sie werden ständig beobachtet und müssen täglich Fotos von sich in den unterschiedlichen Illustrierten sehen. Und wenn wir ehrlich sind, ist es doch vor allem das

Aussehen, auf das die Leser und Zuschauer bei den Prominenten besonders achten.

In Hollywood geht es um sehr viel Geld, Verträge, Hauptrollen und Eitelkeiten. Doch alle chirurgischen Eingriffe und Anstrengungen, jung zu bleiben, sind noch längst keine Garantie für die nächste Hauptrolle. Deshalb verstehe ich auch nicht, warum manche Stars bereit sind, ihre Natürlichkeit zu opfern, statt zu akzeptieren, dass sie das, was sie sich wünschen, nämlich Jugend, nie wieder erreichen werden.

Sharon Stone, die seit »Basic Instinct« als eine der erotischsten Frauen Hollywoods galt, sagte in einem Interview, dass sie, seit sie vierzig ist, kaum noch Rollenangebote erhält, schon gar keine erotischen. Als sie dann mit »Basic Instinct 2« noch einmal ein Revival ihrer berühmten Rolle versuchte, floppte der Film im Kino. Sie sieht eben nicht mehr aus wie zweiunddreißig, auch wenn sie sich das wünscht. Und Hollywoodbosse denken bei der Besetzung einer erotischen Hauptrolle garantiert nicht an eine Endvierzigerin.

Ein Beispiel, wie unterschiedlich man altern kann, sind Sophia Loren und Brigitte Bardot, beide Ikonen und Sexsymbole ihrer Zeit. Die Loren trägt in der Öffentlichkeit nur Perücken und spritzt sich Botox ins Dekolleté, die Bardot hingegen altert ganz natürlich und färbt sich noch nicht mal die Haare. Das bedeutet für mich, in Würde zu altern, das Alter anzunehmen und nicht krampfhaft zu versuchen, jung zu bleiben.

Aber das Alter ist nicht nur ein Frauenproblem, auch viele Männer machen sich mit zunehmenden Jahren lächerlich, sie sitzen mit fünfundsechzig plötzlich im zitronengelben Jackett mit Goldknöpfen im Cabrio und denken, sie seien cool. Männer wie Richard Gere gelten mit schlohweißem Haar zwar noch immer als attraktiv, doch Michael Douglas lässt sich jetzt liften, um seinen früheren Sexappeal zu konservieren, genau wie Sylvester Stallone und Mickey Rourke. Die Operationsergebnisse sind einfach schrecklich. Da stimmt doch offenbar charakterlich etwas nicht, wenn Jugend zum Lebensinhalt wird, egal ob bei Männern oder Frauen.

Neulich sagte eine deutsche Schauspielerin zu mir: »Ich bin schon kaputt, wenn ich morgens aufstehe und aus der Haustür gehe, nur merken darf es keiner.« Frauen fällt es schwer, Attraktivität und Fitness einzubüßen. Jede von uns ist lieber jung, agil und schön. Keiner möchte gern, dass über seinen offensichtlichen Alterungsprozess getuschelt wird.

Die so genannten Best Ager, also Frauen ab fünfundfünfzig, sind gerade im Kommen. Meryl Streep und Helen Mirren gewannen Oscars für ihre herausragenden schauspielerischen Leistungen. Die Gesellschaft altert doch insgesamt, da kann die Orientierung an Zwanzigjährigen nicht länger funktionieren.

Vor ein paar Jahren dachte ich, ich könne vielleicht noch zwei bis drei Jahre als Moderatorin arbeiten, und dann sei definitiv Schluss vor der Kamera. Frauen in meinem Alter wurden damals vom Bildschirm verbannt. Das Argument war immer dasselbe: die Zuschauer wollten jüngere Gesichter sehen. Ich habe keine Angst vor Konkurrenz. Jüngere Kollegen wollen in der Branche Fuß fassen, das ist legitim, und sie müssen auch nachwachsen. Im Büro zu sitzen und auf lauernde Nachfolgerinnen zu warten, dazu habe ich wirklich keine Zeit. Ganz junge Moderatoren und Moderatorinnen empfinde ich oft als unglaubwürdig. Die Zuschauer wollen gestandene Persönlichkeiten auf dem Bildschirm sehen, weil sie authentischer sind.

Für viele Frauen bedeutet der Beginn eines neuen Lebensjahrzehnts eine Krise, das war bei mir weder bei meinem dreißigsten noch meinem vierzigsten Geburtstag so. Nur durch den Kinderwunsch müssen sich Frauen eher mit dem Alter auseinandersetzen als Männer. Als ich Anfang zwanzig war, plante ich, mit achtundzwanzig ein Kind zu bekommen. Doch es kam dann ganz anders. Die letzten zwanzig Jahre habe ich mit vollem Einsatz gearbeitet und daraus auch Motivation und Energie geschöpft. Mit einundzwanzig besaß ich mit Sicherheit nicht die heutige Kraft und Zielstrebigkeit, sie ist mit dem Alter gewachsen. Das erste Kind kam, als ich Ende dreißig war. Das zweite zwei Jahre später. Als Mutter von zwei kleinen Kindern bin ich oft überrascht, woher meine Leistungsfähigkeit sowohl in der Familie als auch im Beruf kommt. Selbstverständlich erlebe ich Momente, in denen ich an meine Grenzen stoße. Dennoch fühle ich mich nicht müde oder erschöpft. Zum Glück regeneriert mich eine gut durchgeschlafene Nacht noch. Wenn ich, wie heute morgen, mit der Sonne aufwache, könnte ich Bäume ausreißen.

Ich genieße meinen Erfahrungsschatz und habe das Gefühl, dass dies meine beste Zeit ist. Zwanzig möchte ich nicht mehr sein. Auch mit dreißig hatte ich mich noch nicht wirklich gefunden, ich suchte den Partner fürs Leben. Im Job lief es gut, aber nicht hundertprozentig. Warum kommt immer alles auf einen Schlag, auch das große Glück? Heute erfüllen mich die Kinder, meine beruflichen Reisen und das Familienleben. Könnte ich meine Existenz so, wie sie jetzt ist, festhalten, wäre sie perfekt. Ich werde reich beschenkt vom Leben und habe wirklich alles, was ich mir wünsche – bis auf ein bisschen mehr Ruhe dann und wann, denn die Zeit rennt.

Gibt es einen positiven Aspekt beim Älterwerden? Ich kenne nur wenige. Es ist nicht Angst vor Altersarmut oder Arbeitslosigkeit, ich fühle mich stark und selbstbewusst genug, Krisen dieser Art zu meistern. Auch die finanzielle Vorsorge habe ich im Blick, da bin ich auch durch meine Banklehre geprägt. Ich nutze die produktiven Jahre für meine Rücklagen. Das ist für mich Verantwortungsbewusstsein. Angst habe ich eher vor Krankheiten, dass ich ohnmächtig Schmerzen ausgeliefert sein könnte, oder davor, einen geliebten Menschen zu verlieren. Die Einschläge kommen näher, immer öfter erkrankt jemand aus meinem persönlichen Umfeld, das war mit zwanzig nicht so. Menschen, die dem Tod gelassen entgegensehen können, bewundere ich. Ich finde die

Vorstellung vom Tod furchtbar und scheue die Auseinandersetzung damit. All das ist für mich mit dem Alter verbunden, wie sollte ich mich also darauf freuen?

Auch der Gedanke, im Alter keine beruflichen Herausforderungen mehr zu haben, gefällt mir nicht. Vielleicht wurde mir diese Einstellung in die Wiege gelegt. Mein Vater ist jetzt dreiundsiebzig und steht jeden Morgen um halb sechs auf, um in seine Metzgerei zu gehen. Vor ungefähr zehn Jahren riet ich meinen Eltern, kürzerzutreten und sich eine Wohnung auf Mallorca zu kaufen. Ich dachte, das Leben im Süden würde ihnen gut tun, denn sie hatten immer sehr schwer gearbeitet. Heute bin ich froh, dass meine Überredungskünste nicht gefruchtet haben und sie weiter in ihrem gewohnten Umfeld wirken. Das Abkapseln vom alltäglichen, gewohnten Leben ist im Alter gar nicht gut. Ich denke zwar noch nicht an meinen Lebensabend, aber ich werde ihn mit Sicherheit nicht in einem Haus am Meer sitzend und nur auf die Wellen schauend verbringen.

Hertha Loew, ehemalige Sekretärin, 100 Jahre

Mit hundert ist man immer die Älteste

Es hat Vorteile, wenn man hundert wird, man muss zum Beispiel keine Krankenkassenbeiträge mehr zahlen. Wir feierten das Jubiläum im Garten meiner Tochter, mit neunundfünfzig Gästen. Es war ein wunderbares Fest bei schönstem Sonnenschein. Auch drei befreundete Pfarrer kamen, um zu gratulieren, und der hessische Ministerpräsident Roland Koch schrieb mir einen Gruß und schickte mir seine Autobiographie. Petra Roth, die Frankfurter Oberbürgermeisterin, schrieb mir einen Brief. Das hat mich alles sehr gefreut, auch wenn ich mich gar nicht wie hundert fühle, eher wie fünfundsiebzig.

Die Familie ist immer noch das Wichtigste für mich, meine Tochter wohnt ganz in der Nähe und hilft mir viel. Bei ihr und ihrem Mann bin ich oft zu Besuch. Ich habe Glück mit meinem Schwiegersohn, ich mag ihn sehr, und ich habe noch drei wunderbare Enkel, alles Jungs. Verheiratet ist noch keiner von ihnen. Ich warte, dass sich da etwas tut, denn ich hätte so gern noch Urenkel.

Über das Alter habe ich mir eigentlich kaum Gedanken gemacht, vielleicht vor zwanzig Jahren, als ich achtzig wurde, aber da war ich noch recht beweglich. Mir geht es immer noch gut, ich komme allein zurecht. Um neun oder halb zehn stehe ich auf und mache mir Frühstück. Erst danach gehe ich ins Bad. Dafür nehme ich mir Zeit. Ich mag es überhaupt nicht, wenn sich jemand nicht richtig pflegt. Man muss bis zuletzt vernünftig aussehen. Zum Essen gehe ich oft zu meiner Tochter. Sie holt mich dann ab, denn allein kann ich nicht mehr zu ihr hinübergehen, ich habe Angst, hinzufallen und hilflos auf der Straße zu liegen. In der Wohnung kann ich mich gut mit meinem Rollator bewegen, daran habe ich mich gewöhnt. Das Wägelchen ist praktisch als Ablage. So habe ich meine Zigaretten, meine Schokolade und meine Tabletten immer in Reichweite. Auch ein schönes Glas Wein oder ein Bier trinke ich gern ab und zu.

Schade ist, dass ich keine Freunde mehr in meinem Alter habe. Aber damit muss man fertig werden. So viele Hundertjährige gibt es eben nicht, außer vielleicht Johannes Heesters. Früher gab es immer noch Klassentreffen, doch das ist nun schon länger vorbei. Ich glaube, von meinen Mitschülern lebt inzwischen niemand mehr. Manchmal ist es traurig, dass keiner von den Freunden mehr da ist, dass man niemanden von ihnen anrufen kann. Ich telefoniere so gern. Trotzdem fühle ich mich nicht einsam. Heute rief ein ehemaliger Kollege an und weinte, er erzählte, dass seine Frau gestorben sei. Dabei war sie erst zweiundneunzig.

Ich lebe schon lange allein. Mein Mann kam 1944 mit seiner Mutter bei einem Luftangriff auf Frankfurt um, meiner geliebten Heimatstadt. Ich war mit meiner damals dreijährigen Tochter aufs Land evakuiert, nachdem mein Elternhaus ausgebombt worden war. Es war der 18. April 1944, das Datum hat sich in mein Gedächtnis eingebrannt. Ich war in Frankfurt, wo ich auf Bezugsschein einkaufte. Als ich zurück nach Oberursel kam, sah ich Frankfurt brennen und ahnte Böses. Da ich telefonisch niemanden erreichen konnte, tippelte ich zusammen mit meiner Schwester wieder nach Frankfurt zurück, denn die Bahnlinie war unterbrochen. Als wir in unsere Straße einbogen, sahen wir nur noch Trümmer. Mir war klar, aus dem Haus konnte niemand lebend rausgekommen sein. Gefunden wurde mein Mann erst vier Tage später, als die Trümmer mit dem Bagger beseitigt wurden, meine Schwiegermutter nie. Die Kriegsjahre sind mir noch immer sehr präsent, das waren furchtbare Erlebnisse, die man nie vergisst.

Nach dem Krieg musste ich meine Tochter und mich allein durchbringen. Mein Mann war sehr jung gewesen, als er starb, die Rente hätte nicht für unser Auskommen gereicht. 1947, als meine Tochter in die Schule kam, begann ich als Sekretärin zu arbeiten. Das machte ich, bis ich achtundfünfzig war, dann hörte ich auf zu arbeiten und übernahm nur hin und wieder noch Urlaubsvertretungen. Ich war viel mit meinen Enkelkindern zusammen, wir fuhren in den Urlaub an den Tegernsee, ruderten und schwammen. Heute reise ich nicht mehr viel.

Ich habe all die Jahre nie eine neue Liebe gefunden, ich hatte nur einen guten Freund, einen Kollegen, mit dem ich oft wandern ging. Und heute, mit hundert, werde ich mich wohl auch nicht mehr verlieben, da will man seine Ruhe haben.

Früher ging ich gern ins Theater oder in die Oper. Das schaffe ich heute nicht mehr. Mein Mann war Ruderer in einem Verein, wir hatten einen großen gemeinsamen Freundeskreis. Wir feierten sehr schöne Feste, wanderten gemeinsam und fuhren zu Ruderrennen. Ich ging auch gern zu Boxkämpfen, weil mir die Atmosphäre so gut gefiel. Wenn es allerdings zu hart herging, musste ich immer heulen.

Fußballfan bin ich noch heute, ich besitze sogar einen Schal in den Farben meines Lieblingsvereins Eintracht Frankfurt, und für das diesjährige Abschlussspiel der Bundesligasaison, wenn Hertha BSC Berlin nach Frankfurt kommt, habe ich eine Eintrittskarte für das Stadion geschenkt bekommen. Auf das Spiel freue ich mich, meine Tochter wird mich begleiten. Mir liegt viel daran, nicht den Anschluss zu verlieren, ich sehe mir Nachrichtensendungen an und lese mit einem Vergrößerungsglas täglich die Tageszeitung, das hält den Kopf fit.

Ich hätte nie gedacht, dass ich so alt werden würde. Man muss vernünftig leben, und regelmäßige ärztliche Kontrollen habe ich immer ernst genommen. Gesundheit ist das A und O. Eine meiner beiden Schwestern ist im Jahr 2000 gestorben, die andere ist fünfundachtzig, aber nicht mehr sehr fit. Meine Mutter war achtzig, als sie starb. Das war früher sehr alt, heute sagt man, das ist doch kein Alter. Mit hundert ist man immer die Älteste, aber damit habe ich kein Problem.

Deniz Çeri,
Studentin mit Schwerpunkt Sterbebegleitung, Maskenbildnerin, 34 Jahre

Es gibt keinen Grund, sich vor dem Tod zu fürchten

Meine Mutter war der Mittelpunkt der Welt für mich. Als sie mir offenbarte, dass sie Leberkrebs im Endstadium hat, brach ich zusammen und musste eine Woche lang Beruhigungsmittel nehmen. Ich recherchierte im Internet über die Erkrankung und mögliche Therapieformen und schmiedete absurderweise Pläne für eine gemeinsame Zukunft. Meine Mutter durfte nicht sterben, ich klammerte mich daran, dass ein Wunder geschieht. Ich wollte von ihr hören, dass wir ganz sicher den nächsten Sommer in der Türkei verbringen würden. Während ihrer neunmonatigen Sterbephase war ich nicht in der Lage, die Realität anzunehmen, ich hörte meiner Mutter einfach nicht zu und nahm deutliche Signale einer Verschlechterung ihres Zustandes nicht wahr. Bis zum Schluss gab ich die Hoffnung nicht auf, dass sie überleben würde.

Sieben Wochen vor ihrem Tod fuhren wir nach Antalya zu ihren Freunden, damit sie dort zur Ruhe kommen konnte. Wir gestalteten ein Fotoalbum mit Erinnerungsfotos, aber das Wichtigste blieb ungesagt. Ich habe diese Chance zu einer Aussprache zwischen uns verpasst. In den nächsten sechs Wochen, die wir bei ihrer Freundin verbrachten, erlebte ich ihren rapiden Abbau, sah die großen Augen, den aufgeblähten Bauch und wie sie dramatisch an Gewicht verlor. Mit letzter Kraft reiste sie zurück nach Deutschland.

Als der Notarztwagen meine Mutter ein paar Tage später abholte, hatte ich meine erste Gottesbegegnung. Ich sah sie im Krankenwagen und spürte einen Energiestrom. Da erst wurde mir bewusst, dass sie nicht mehr zurückkommen würde. All die Zeichen, die ich bisher ignoriert hatte, am letzten Tag habe ich sie verstanden. »Mama, du kannst gehen«, flüsterte ich ihr ein paar Stunden später am Krankenbett zu. Alle Menschen, die ihr wichtig waren, versammelten sich um sie, beteten, stellten Kerzen auf. Mir war in diesem Moment sehr wichtig, dass immer jemand ihre Hand hielt, sie nie losließ. Ich betete zu Gott, dass er sie noch einmal die Augen öffnen lassen würde. Mein Wunsch wurde erfüllt. Als ich nach einer Teepause zu ihr zurückkam, wandte sie ihren Kopf und sah mich an. Eine Träne lief ihr über das Gesicht, dann schlief sie ein. Von diesem Moment an war ich ruhig, ich spürte Gottes Anwesenheit. Plötzlich begann sie stark zu schwitzen, Schaum trat auf ihre Lippen. Ich dachte, dass dies Lebenszeichen wären, und rief den Arzt. Heute weiß ich, dass diese Symptome zum Sterbeprozess gehören.

Bei der Organisation der Beerdigung entschied ich mich für ein Etagengrab, in der festen Überzeugung, ihr bald zu folgen. Ich glaubte, ohne sie nicht leben zu können. Wir liefen mit einem Kompass über den Friedhof und fanden einen wunderschönen Platz Richtung Osten. So habe ich, mit vierunddreißig, schon eine Grabstätte. Frauen aus der Gemeinde unserer Moschee führten in der Kölner Uniklinik die traditionelle Totenwäsche durch. Dafür musste ich zunächst den Raum verlassen. Doch der letzte Wasserguss auf die Tote gebührt der Tochter. Es war ein erhabener Moment, sie so befreit und rein in dem weißen Leinentuch zu sehen.

Auf der Beerdigungsfeier für meine Mutter wurde der Unterschied zwischen deutscher und türkischer Kultur deutlich. Muslimische Trauerfeiern finden traditionell auf dem Vorplatz der Moschee statt. Dort befindet sich bei unserer Moschee aber der Parkplatz für ein Einkaufszentrum. Ihr Sarg stand also zwischen den parkenden Autos, und das Leben um uns herum ging ganz einfach weiter. Männer und Frauen sind bei muslimischen Trauerfeiern voneinander getrennt. Christliche Freunde konnten nur schwer nachvollziehen, warum die Tochter nicht vorn beim Sarg steht.

Ich werde mit zunehmendem Alter meiner Mutter immer ähnlicher. Sie war ein sehr positiver Mensch, trotz vieler Schicksalsschläge. Im selben Jahr wie sie starben zwei meiner Freundinnen und zwei Jahre später mein Schwiegervater, ich wurde oft mit dem Tod konfrontiert, doch ich habe mich immer wieder aufgerappelt.

Seit einem Jahr studiere ich neben meinem Beruf als Maskenbildnerin an der Fachhochschule Sozialarbeit mit dem Schwerpunkt Sterbebegleitung und Hospizarbeit. Ich hatte den Wunsch, anderen zu helfen, mit Würde in den Tod zu gehen. Mitgefühl ist wichtig, nicht Mitleid. Viele Freunde wundern sich, dass ich mich als lebensfroher Mensch so intensiv mit dem Tod beschäftige. Aber dieses Studium ist keine Trauerarbeit, die ich für meine verstorbene Mutter leiste. Ich empfinde es als meine Berufung. Meine Mutter hat als Hebamme Menschen ins Leben geholfen, ich begleite sie hinaus. Ich glaube fest daran, dass der Übergang in den Tod, dieser letzte Moment, in dem wir die Augen schließen, sehr, sehr schön ist. Es gibt keinen Grund, sich davor zu fürchten, dieser Moment empfängt uns mit Licht und Gottes Liebe. Dann sind wir angekommen, und die schwere Zeit des Sterbens, der Krankheit und der Schmerzen, ist vorbei.

Während eines Praktikums im Rahmen meines Studiums hatte ich viel Kontakt zu sehr alten Leuten, ich besuchte sie in ihren Wohnungen, sprach mit ihnen. Heute fallen mir alte Menschen im Alltag häufiger auf, wie sie an der Kasse stehen zum Beispiel und umständlich nach Kleingeld suchen oder lange Gespräche mit der Verkäuferin an der Käsetheke führen, während alle anderen es eilig haben. Ich bin geduldiger geworden und verstehe, sie brauchen den Kontakt zur Umwelt. Je älter ich selbst werde, desto mehr verändert sich mein Blick auf das Alter. Früher war ein siebzigjähriger Mensch für mich alt, das sehe ich heute anders.

Als Maskenbildnerin beobachte ich in der Medienbranche, dass Ältere oft ausgegrenzt werden. Ab fünfzig wollen alle zwanghaft jung sein. Frauen orientieren sich in Kleidung, Styling und Haarfarbe an den Jüngeren. Ich frage mich oft, wann stehen wir Frauen endlich zu unserem Alter? Mir fällt der äußere Alterungsprozess nicht schwer, mir gefällt es, älter zu werden, aktiv eingebunden zu sein. Ich finde, es gibt keine unattraktiven Frauen, im Gegenteil, beim Make-up einer Siebzigjährigen muss ich oft weniger tun als bei einer Jüngeren.

Frauen vergleichen sich ständig, sind andere schöner oder schlanker als ich? Wir wollen Idealen entsprechen, haben mit Beruf, Haushalt, Kindern und Partnerschaft aber oft eine vierfache Belastung, die das nun einmal nicht zulässt. Ich mache mir nur Sorgen über das Alter, wenn ich an die Einsamkeit denke. Das macht mir Angst. Mit achtzig will ich nicht allein sein. Ich habe kaum noch Familie, wahrscheinlich werde ich später auf die Hilfe fremder Menschen angewiesen sein. Das ist einfach so, und ich hoffe, dann auch adäquat betreut zu werden. Ich kann weder verstehen, dass junge Leute so oft ungeduldig mit den Alten sind, noch dass die Alten den Jungen nicht zur Last fallen wollen. Es gibt eine Verantwortung füreinander, der man gerecht werden muss.

Ich habe eine private Rentenversicherung abgeschlossen und ein Testament gemacht. Als Studentin und Freiberuflerin verdiene ich unregelmäßig, will das Alter aber finanziell unabhängig erleben. Das Leben hat mich gelehrt, dass unsere Planungen oft nicht aufgehen. Wir können alle täglich sterben. Mein Mann und ich befreien uns gerade von unnötigem Ballast. Ich möchte mich auf das Wesentliche konzentrieren.

In Deutschland ist es noch immer schwer für mich, mit Freunden über meine verstorbene Mutter zu sprechen. Die Stimmung wird sofort dramatisch und traurig, auch wenn ich nur etwas Positives oder Schönes von ihr erzähle. Das kann ich in der Türkei leichter, dort wird der Toten mit viel Lebendigkeit gedacht. Daher verbringe ich ihren Todestag lieber in der Türkei, wo ich mit den Freundinnen meiner Mutter Erinnerungen an sie austauschen kann. Beim Freitagsgebet in der Moschee lasse ich für sie beten und verteile, wie es Tradition ist, am Eingang Süßigkeiten an die Gemeinde.

Christine Sparr, arbeitslos, Mitarbeiterin der Offenbacher Tafel, 37 Jahre

Ich weiß, wie es sich anfühlt, allein zu sein

Mit siebenunddreißig Jahren lernte ich das Gesetz des Lebens kennen. Meine Mutter starb, kurze Zeit nach ihrem Tod kam mein Enkel zur Welt, und ich wurde Großmutter.

Bis zu diesem Zeitpunkt bin ich ein äußerst lebensfroher Mensch gewesen, ich habe wirklich jeden Tag ausgekostet, als wäre es mein letzter. Erst durch den Tod meiner Mutter lernte ich, was Angst bedeutet. Sie starb mit sechsundfünfzig Jahren, ohne jedes Vorzeichen, es war ein Schock, als ich sie leblos in ihrer Wohnung fand. Zum Glück hatten wir uns sechs Monate zuvor ausgesprochen; statt Kampf und Wut gab es endlich Liebe zwischen uns. Seit ihrem Tod achte ich nun mehr auf meinen alten Vater. Er lebt mit neunundsechzig Jahren allein, ich besuche ihn täglich und bitte ihn, mich alle vierundzwanzig Stunden anzurufen, so bin ich ruhiger.

Die Angst, dass mir etwas genommen werden kann, ohne dass ich mich dagegen zu wehren vermag, ist neu. Meine drei Kinder sind das Wertvollste, das ich besitze, ihnen darf nichts passieren. Angst vor dem Leben kenne ich nicht, ich habe wohl alles Negative erlebt, das einem Menschen widerfahren kann. Ich war im Heim, bin missbraucht worden, bin durch eine Ehehölle gegangen. Wohlhabend oder gar reich war ich nie. Mir wurde nichts geschenkt. Alles, was ich mir bis heute aufgebaut habe, ist hart erkämpft. Ich weiß, wie es sich anfühlt, allein zu sein, wenn niemand hinter dir steht und dich unterstützt.

Mit sechzehn Jahren wurde ich schwanger und wollte aus dem Heim direkt in eine Ehe und Ersatzfamilie flüchten. Dieser Versuch ging gründlich schief. Ich habe viel Mist gebaut, als ich jung war, bestellte ich aus Katalogen Kleider, Möbel, Elektronik, ohne die Rechnungen zu bezahlen, stahl für den Hausgebrauch, klaute Kleidung für die Kinder oder Lebensmittel, weil mein Exmann das Geld ausgegeben hatte. Menschen, die das nicht erlebt haben, können das nicht verstehen. Ich glaube, Menschen ohne Sorgen haben nicht richtig gelebt. Wenn man sich den sogenannten Mittelstand in diesem Land ansieht, spürt man die Ignoranz. Aus Angst, selbst abzurutschen, sehen sie nicht, wie alte Leute ihr letztes Kleingeld an der Kasse zusammenkratzen, um einen Liter Milch zu kaufen, verschließen die Augen vor der Tatsache, dass mitten unter uns Menschen hungern.

Ich bin vorbestraft, das steht in jedem Bewerbungsschreiben. Die vielen Absagen, die ich erhalte, haben sicherlich mit meiner Vergangenheit zu tun. Ich gehe damit aber sehr offen um, schließlich kann sich jeder Mensch verändern. Wenn ich keine Arbeit finde, werde ich bis in hohe Alter von Hartz IV und Sozialhilfe leben müssen. Aber ich will arbeiten, und sei es erst einmal als Praktikantin. Ich möchte eine Perspektive, eine wirkliche Chance, aber ich finde einfach keinen Job. Nach dem Hauptschulabschluss habe ich Maler und Lackierer gelernt, jetzt möchte ich lieber mit Menschen, alten oder jungen, arbeiten. Dafür bringe ich auch Erfahrungen aus meiner früheren Tätigkeit beim Jugendamt mit. Ein-Euro-Jobs aber lehne ich ab. Das ist ja doch immer dasselbe: Man bekommt einen sechsmonatigen Vertrag, danach verlängert die Firma vielleicht noch einmal um vier Monate, anschließend kommt der nächste Ein-Euro-Jobber, und ich stehe wieder vor der Tür, denn für jede neue Vermittlung kassieren Agenturen und Firmen eine Provision.

In eine Altersversorgung habe ich nie eingezahlt, daran habe ich nie gedacht. Wie auch, wenn die eigene Mutter das Abrutschen in die Sozialhilfe vorlebt. Unsere Familie kommt aus einem sozialen Ghetto in Offenbach. Sollten meine Kindererziehungszeiten noch angerechnet werden, erhalte ich im

Alter vielleicht eine Rente in Höhe von einhundertfünfundsechzig Euro. Angst macht mir das alles nicht mehr, über dieses Stadium bin ich schon hinweg. Nur vor dem Alleinsein habe ich Angst, denn ich war in meinem Leben oft sehr einsam. Deshalb ist es mein großer Wunsch, dass der gute Zusammenhalt in meiner Familie bestehen bleibt. Ehrlichkeit, Stärke, das eigene Leben in die Hand zu nehmen, das bringe ich meinen Kindern bei. Sie sollen etwas aus sich machen, das erreichen, was ich nicht geschafft habe. Ich suche Lehrstellen für sie, unternehme viel mit ihnen und kämpfe um ihre Schulabschlüsse.

Die Kinder groß zu bekommen, das ist mein Ziel und darauf konzentriere ich mich. Ihre Generation wird sich auf staatliche Unterstützung nicht mehr verlassen können. Alles bricht weg, die Leute haben es nur noch nicht kapiert. Mein Sohn hat eine Lehrstelle als Koch, meine Tochter hat den Realschulabschluss. Ihnen kann ich neue Wege aufzeigen.

Für mich selbst habe ich es aufgegeben, Pläne zu schmieden. Ein Dach über dem Kopf, Gesundheit, ein Bett, etwas Obst und Gemüse im Kühlschrank, so etwas ist mir heute wichtig. In sehr schweren Zeiten habe ich mich mit Träumen von einer neuen Existenz am Leben gehalten. Nach meiner Kündigung beim Jugendamt hatte ich sieben Monate lang nur das Kinder- und Wohngeld und ein wenig Sozialhilfe zur Verfügung. Mir ging es wirklich dreckig, der Fernseher lief den ganzen Tag, ich schaffte nichts mehr. Die Kinder waren aus dem Gröbsten raus, die Wohnung aufgeräumt – und ich war arbeitslos. So sah mein Leben aus.

Heute engagiere ich mich ehrenamtlich bei der Offenbacher Tafel und arbeite auch in der Bürgerstube, wo ich anderen helfe, ihre Anträge auszufüllen. Die Aufgabe bei der Tafel ist mein Dankeschön an den lieben Gott. Als es mir richtig schlecht ging und ich mich niemandem anvertrauen konnte, musste ich mich in der Schlange des Lebens noch einmal ganz hinten anstellen. Bis zu diesem Zeitpunkt war ich ein ignoranter, egoistischer Mensch gewesen, hatte immer das Gefühl, alle sind gegen mich. Es verletzte mich zutiefst, dass ich in der Gesellschaft durch die Vorstrafe so abgestempelt war. Die Unterstellung, ich sei nicht in der Lage, ein besserer Mensch zu werden, machte mich wütend. Es war, als hätte mich der liebe Gott einmal richtig durchgeschüttelt. Heute versuche ich andere Menschen wachzurütteln, ihnen die Chancen zu verdeutlichen, die das Leben für sie bereithält, und zu helfen, wo ich nur kann.

Ich habe die Essenausgabe der Tafel für mittellose Menschen in Offenbach aufgebaut, denn diese Einrichtung gab es hier bisher nicht. Die Räumlichkeiten und Mitarbeiter habe ich ebenfalls organisiert. Inzwischen erhalten durch meine Initiative einhundertachtzig Menschen täglich etwas zu essen. Ich klappere die Kindergärten, Supermärkte nach Essbarem ab. Als Hartz-IV-Empfängerin stellt die Tafel mir das Benzingeld und einen Kühlwagen, das könnte ich mir sonst nicht leisten. Bei der Essenausgabe kommen zuerst die alleinerziehenden Mütter und Väter mit Kindern unter sieben Jahren an die Reihe, anschließend Behinderte, Alte und dann die normalen Haushalte. Bei vielen gibt es eine große Scham. Bei den Alten müssen einige mit nur achtzig Euro im Monat auskommen. Wie soll man davon Medikamente und Lebensmittel bezahlen?

Als meine Mutter starb, hatte sie auch nur noch zwanzig Euro in der Tasche. Sie ist nicht zum Arzt gegangen, um die zehn Euro Praxisgebühr zu sparen. Gestandene Frauen haben Tränen in den Augen, wenn sie von uns Spargel mit Schinken erhalten. Ich sehe sehr viel Altersarmut und Einsamkeit. Wer sich bei uns Lebensmittel abholt, zahlt symbolisch einen Euro. Es geht um den Stolz und die Würde der Bedürftigen. Wir Mitarbeiter nutzen die Einnahmen, um davon Benzin und Versicherungen zu finanzieren. Richtig sättigen könne wir niemanden mit der Tafel, aber viele Kinder essen nach Jahren zum ersten Mal wieder frisches Obst oder

Gemüse. Meine Kinder und mein Freund halten mich für verrückt, weil ich ehrenamtlich so viel Einsatz leiste. Ich bin anderer Meinung. Ich habe so viel erlebt, ich muss etwas gutmachen.

Ina Deter,
Musikerin, 60 Jahre

Warum gibt es keinen Aufstand der Sechzigjährigen?

Ich bin vor kurzem sechzig geworden und finde, das ist ein guter Anlass, ab jetzt die Jahre rückwärts zu zählen. Heute nehme ich diese Zahlen leicht, doch vor zwanzig Jahren war ich dazu noch nicht in der Lage. Ich hatte gerade meinen größten Erfolg mit »Neue Männer braucht das Land«. Dann kam mein vierzigster Geburtstag, und ich dachte, das ist jetzt ein Einschnitt, jetzt gehöre ich zum alten Eisen, bald werde ich nicht mehr auf der Bühne stehen. Zu dieser Zeit war ich viel mit der Band unterwegs, wir absolvierten zwei Tourneen pro Jahr und lebten einfach für die nächste Platte. Die siebzehnköpfige Crew – wir hatten sogar einen Koch dabei – war meine Familie. Es war wie eine große Party, eine Reise mit guten Freunden. Ich hatte Angst, das zu verlieren.

Zwei Jahre später, mit zweiundvierzig, erlitt ich einen Nervenzusammenbruch. Bei einem Umzug rastete ich richtig aus, schmiss einen Stapel Zeitungen die Treppe hinunter und eine Vase gleich hinterher. Ich war völlig außer mir, aber ich konnte mir nicht erklären, was mit mir los war, und bat eine Freundin um Hilfe. Es waren die Wechseljahre, die bei mir recht früh kamen. Ich war überhaupt nicht darauf vorbereitet und stürzte in eine tiefe Krise, ich war depressiv, zweifelte an allem, stellte meine Arbeit, mein Leben, einfach alles in Frage. Ich wurde unruhig und ängstlich. Die heftigen Hitzewallungen machten mir zu schaffen, aber im Vergleich zu meinem psychischen Zustand waren sie das kleinere Übel. Schließlich bekam ich die Situation mit Hormontabletten in den Griff, die Depressionen vergingen.

Einige Jahre später hatte ich einen weiteren Zusammenbruch. Von 1991 bis 1997 machte ich nichts, keine Musik, gar nichts. Ich war nicht in der Lage, mich aufzuraffen, und wurde krank. Eines Tages schaute ich in den Spiegel und sah keine Mimik mehr, keine Regung. Der erste Gedanke war: ein Schlaganfall. Freunde fuhren mich sofort ins Krankenhaus, wo man eine Gesichtslähmung diagnostizierte. Der Arzt sagte, die Syptome würden innerhalb von sechs Wochen verschwinden. Daran glaubte ich, und er hatte recht.

Seither vertraue ich auf die Kraft der Gedanken. Es steckt eine ungeheure Energie im positiven Denken. Im Nachhinein denke ich, die Gesichtslähmung war ein Zeichen dafür, dass ich mein wahres Gesicht nicht zeigte, ich rannte dem Ruhm, dem Erfolg hinterher. Erst eine weitere schwere Erkrankung, Brustkrebs, öffnete mir die Augen. Ich musste lernen loszulassen, ein altes Problem von mir. Schließlich brannte mein Büro aus, alles war weg, alle Aufzeichnungen, alle Aufnahmen. Dann kam noch die Trennung von meinem Lebensgefährten, mit dem ich fünfzehn Jahre zusammen gewesen war, hinzu.

Es musste viel passieren, bis ich mit Mitte fünfzig endlich begriff, dass ich neu anfangen musste. Ich beschäftigte mich mit Büchern wie »Die heilende Kraft des Scheiterns« und »Das tibetanische Totenbuch«, und ich verstand: Was ich nicht loslasse, wird mich nicht loslassen. Das machte mir deutlich, was das Leben überhaupt bedeutet. Es gibt viele Verhaltensmuster, wir sind voller Klischees, zu wenig offen. Wie oft bewerten wir jemanden vorschnell? Das muss man sich einmal bewusst machen.

Auch die Angst vor dem Tod ist anerzogen. Dennoch ist die Vorstellung, dass meine Mutter stirbt, für mich unerträglich. Dahinter steckt die Angst, verlassen zu werden, und wiederum das Problem, alles festhalten zu wollen. Meine Mutter ist mir ein großes Vorbild. Sie brachte uns zwei Töchter allein durch und tat alles für uns. Morgens um halb fünf musste sie das Haus verlassen, um zu arbeiten, erst zwölf Stunden später kam sie zurück. Ein hartes Leben, sie mutete sich viel zu. Alles, was meine Schwester und ich sind, sind wir durch sie. Bei ihr fühlte ich mich immer sicher und geborgen. Heute ist sie zweiundachtzig und hat noch immer unglaubliche Kraftreserven, auch wenn sie sagt: »Irgendwann muss ich gehen.« Beim Thema Tod ist sie viel offener, ich muss in dieser Hinsicht noch viel lernen, obwohl ich meine Ängste inzwischen etwas besser im Griff habe.

Mich interessieren jetzt andere Fragen, andere Inhalte. Deshalb habe ich zu manchen alten Freunden auch die Verbindung abgebrochen. Manches langweilte mich plötzlich, ich wollte nicht nur aus einer Pflicht heraus den Kontakt weiter halten. Dafür ist die Zeit zu kurz. Ich grenze mich heute mehr ab, stecke meine Energie und Kraft in die Dinge, an denen mein Herz hängt, umgebe mich mit Menschen, die mir guttun, die ich wirklich mag.

Meine beste Freundin begleitet mich schon seit achtundzwanzig Jahren. Sie war und ist bei allen wichtigen Entscheidungen dabei. Wir sind uns sehr nah. Ich beneide sie ein wenig um ihre süße neunjährige Tochter. Heute hätte ich gern Kinder, aber damals stellte sich die Frage nicht, es passte einfach nicht in mein Lebenskonzept. Jetzt kann ich die Idee eines Familienlebens mit Kindern besser nachvollziehen. Ich fühle mich manchmal sehr allein und vermisse eine Partnerschaft, auf die ich mich verlassen könnte. Früher brauchte ich Zeit für mich, wollte Freunde so schnell wie möglich loswerden, um in Ruhe arbeiten zu können. Jetzt habe ich manchmal so ein Verlassenheitsgefühl. Es ist nicht schön, nach Hause zu kommen, und die Wohnung ist immer leer. Es war dennoch keine falsche Entscheidung, auf Kinder zu verzichten, ich bereue es nicht, nur manchmal bin ich ein wenig wehmütig. Musikmachen ist eben kein Beruf, Musikmachen ist Leben. Kinder hätten damals keinen Platz darin gehabt.

Sexualität spielt heute keine große Rolle mehr für mich. Es fehlt mir nicht, vielleicht hat das mit den Hormonen zu tun.

Männer finden mich auch nicht mehr so attraktiv, das spüre ich. Aber mir geht es ähnlich, ich finde das andere Geschlecht auch nicht mehr besonders begehrenswert. Heute geht es mir um eine andere Nähe. Ein Mensch, mit dem ich lachen kann und ein gutes Gespräch führen, bedeutet mir mehr als Sex.

Älterwerden bedeutet, dass man lernen muss, die Vergänglichkeit des eigenen Körpers zu akzeptieren. Die Sensibilität der Sinne verändert sich, nicht nur die Haut, auch die Stimme altert, ebenso wie Augen und Ohren. Meine Stimme ist zum Beispiel einen Ton tiefer geworden, und mittlerweile sehe ich im Taucheranzug besser aus als im Badeanzug, denn die Cellulite bricht sich gnadenlos Bahn. Eine Schönheits-OP käme für mich dennoch niemals in Frage. Der Körper ist wie eine Blume, er blüht und verwelkt. Lese ich heute in einer Zeitung von einer älteren Dame, die dreiundsechzig ist, wird mir klar, dass ich auch dazugehöre. Diesen ganzen Jugendwahn finde ich furchtbar. In Zeitschriften wird uns Faltenlosigkeit und Idealgewicht vorgelebt. Wer ein paar Kilos mehr auf den Rippen hat, gilt schon als fett. Models hungern sich zu Tode, junge Mädchen eifern ihnen nach und werden magersüchtig. Wie krank muss eine Seele sein, wenn man nur über Äußerlichkeiten Anerkennung empfängt? Ich frage mich, was die Frauenbewegung überhaupt gebracht hat, außer der Abschaffung des Abtreibungsparagraphen. Warum gibt keinen Aufstand der Sechzigjährigen? Wir brauchen ein Bewusstsein für uns selbst. Wir dürfen uns nicht vom Urteil anderer abhängig machen. Nur so können wir gelassen älter werden.

Frauke D.,
ehemalige Pflegedienstleiterin, 75 Jahre

Ich habe mein Leben gelebt

Ich beneide jeden Toten. Für mich ist das Leben gelaufen. Ich habe mein Testament gemacht und eine schriftliche Vorsorgevollmacht erlassen, die Finanzen sind geklärt. Das gehört sich so. Alles ist erledigt, ich löse meinen Haushalt langsam auf und verschenke, was ich nicht mehr brauche. Die Vorstellung, dass ich noch zehn Jahre leben könnte, macht mich richtig wütend.

Ich habe genau notiert, wie und wo ich gepflegt werden will. Wenn es einmal so weit ist, will ich im Krankenhaus nicht künstlich ernährt werden, und ich wünsche keine extra Sauerstoffzufuhr. Man soll mich schmerzfrei halten und meine Patientenverfügung befolgen. Niemand soll etwas für mich entscheiden, das möchte ich selbst tun, solange ich noch klar denken kann.

Seit sechs Jahren läuft meine Anmeldung in einer Einrichtung für betreutes Wohnen, denn es dauert lange, bis ein Appartement frei wird, vielleicht kann ich schon zum Ende dieses Jahres einziehen. Dort können mich Angehörige besuchen, ich möchte aber nicht bei ihnen leben und lieber unabhängig sein. Das Haus hat ein gutes Niveau und ist seriös, ich kenne es aus meiner früheren beruflichen Tätigkeit. Mir ist nicht klar, wer sich die teuren Luxusresidenzen, in denen ein Einzelzimmer tausend bis zweitausend Euro im Monat kostet, leisten kann. Für mein Miniappartement werde ich monatlich siebenhundert Euro zahlen. Das wird der letzte Umzug meines Lebens sein.

Man muss auch diese Lebensphase organisieren und dafür Eigenverantwortung übernehmen. Das ist wichtig, auch wenn ich mir sicher bin, dass viele junge Menschen nicht begreifen, wie wichtig Vorsorge für das Alter ist. Natürlich, Krankheit und Gebrechlichkeit sind negative Themen, niemand spricht gern darüber, auch ich nicht. Alte Leute, die zusammensitzen und über ihre Krankheiten sprechen, finde ich furchtbar. Für mich darf es bei diesem Thema über eine Bemerkung wie »ich fühle mich heute nicht gut« nicht hinausgehen. Gespräche über Krankheiten beende ich sofort. Viele Alte rennen doch bei jeder Gelegenheit zum Arzt, da entstehen dem allgemeinen Gesundheitswesen unnötige Kosten. Schauen Sie sich doch an, wie manche die Tabletten händeweise in sich hineinschütten. Als alter Mensch kann ich doch nicht erwarten, dass meine Unzulänglichkeiten durch Pillen oder einen Arztbesuch beseitigt werden. Jeder muss lernen, sich darauf einzustellen. Kein Auto fährt problemlos fünfundsiebzig Jahre, vom Menschen erwarten wir das aber.

Finanziell bin ich gut abgesichert, seit fünfzehn Jahren bin ich berentet. Das ist schon eine lange Zeit, ich bin bereit zu gehen. Ich habe mein Leben gelebt. In meinem Alter spielt es nun wirklich keine Rolle mehr, ob ich ein paar Tage oder Monate länger lebe. Schmerzen jedoch will ich nicht haben. Dennoch lehne ich es ab, Hand an mich zu legen, das ist für mich Feigheit.

Vielleicht liegt es an meiner langjährigen Tätigkeit in der Altenpflege, dass ich bewusster gealtert bin und weder Angst vor dem Alter noch vor dem Tod habe. Es war ein Teil meines Berufs, Menschen in den Tod zu begleiten. Am Krankenbett habe ich ihre Hände gehalten, sie gestreichelt, ihnen den Schweiß von der Stirn gewischt. Zuwendungen, die es in der Pflege heute kaum noch gibt.

Auch privat wurde ich häufig mit dem Tod konfrontiert. Es waren harte Begegnungen. Meine Mutter hat sieben Kinder großgezogen, doch bei ihrem Tod war keiner von uns bei ihr. Sie war allein, als sie starb, das hat mich lange belastet. Mein Bruder starb in meinen Armen, wenige Minuten zuvor sah ich ihn noch herzhaft lachend am Geburtstagstisch unserer Schwester sitzen. Wir traten vor die Tür des Restaurants, und er sagte: »Was für eine schöne Luft. Frauke, halte mich fest.« Plötzlich sank er in meinen Armen zusammen. Ich rief hektisch um Hilfe, statt ruhig bei ihm zu sein und seine Hand zu halten. Durch diese Verluste glaubte ich lange, gegenüber dem Tod und dem Leben gelassener geworden zu sein. Doch dann kam der schlimmste Einschnitt meines Lebens: Vor neun Jahren starb mein Sohn Kay-Uwe, sechs Monate später mein zweiter Mann.

Dabei hatte bei mir nach meiner Pension noch mal eine richtig positive Zeit begonnen. Ich machte mit fünfundfünfzig meinen Führerschein, wurde mit sechzig Großmutter eines wunderbaren Enkels und verliebte mich auf den ersten Blick. Reinhold und ich lernten uns an einem Fahrradständer kennen, sein Schloss klemmte, und zwischen uns funkte es. Wir tauschten unsere Nummern aus, verabredeten uns zum Kaffee und zogen nach sechs Monaten zusammen, die Chemie stimmte einfach. Zuvor hatte ich eine schwere Polioarthritis überstanden, ich war froh und dankbar, überhaupt wieder laufen zu können. Nach meinem verantwortungsvollen, aber auch einsamen Job als Führungskraft konnte ich nun endlich tun und lassen, was ich wollte, und genoss mit Reinhold die schönste Zeit meines Lebens. Ich hatte mir nie träumen lassen, dass ich jemals wieder so glücklich sein, vom Leben so überrascht werden würde. Wir waren beide spontan, genossen Opernbesuche, reisten nach Verona, kochten viel. Zwei Wochen des Monats lebten wir in Dänemark in einem Sommerhaus direkt am Meer, zwei Wochen in Hamburg. Wir hatten ein schönes Leben. Reinhold sagte immer: »Dein Leben, Frauke, ist auch mein Leben.«

Mitten in diesem späten Glück starb mein einziger Sohn im Alter von neununddreißig Jahren bei einem Verkehrsunfall. Er war Fotograf. Zu Beginn seiner Karriere hatte ich ihm meine Altbauwohnung mit hohen Decken und viel Licht überlassen, damit er sich dort sein erstes Fotostudio einrichten konnte. Wir hatten ein sehr inniges Verhältnis, und sein Verlust war entsetzlich hart für mich. Dennoch war es letztlich eine Gnade, dass der Unfall für ihn tödlich endete. Die Alternative wäre ein Leben im Rollstuhl gewesen. Ich gebe meine Gefühle nicht gern preis und habe in der Zeit direkt nach seinem Tod im Alltag einfach versucht weiter zu funktionieren, ohne meine Trauer nach außen zu lassen. Wohin auch? Wen hätte ich für dieses Schicksal verantwortlich machen sollen? Als schlimm empfand ich es, wenn in dieser Zeit Menschen zu mir sagten: »Ich weiß, wie du dich fühlst.«

Sechs Monate später, wir waren wieder in Dänemark, erlitt mein Mann einen Zwerchfellbruch. Ich rief den Unfallwagen, weil der Krampf nicht nachließ, und er kam in ein dänisches Krankenhaus. Als ich ihn in der Klinik besuchte, sah ich schon die peripheren Durchblutungsstörungen an Kopf, Händen und Füßen. Er war sehr blass, ich wusste, dass das kein gutes Zeichen war. Als er wenig später, fünfundsiebzig Jahre alt, in meinen Armen starb, endete mein Leben.

Ich will nicht jammern, das ist meine Geschichte. Weder trauere ich lautstark noch erwarte ich, dass alle Welt an meinem Schicksal teilnimmt. Ich mache den schweren Verlust mit mir selbst ab. Er ist der Auslöser für mein heutiges Denken und Fühlen. Ich weiß, wie viele schwere Schicksale es gibt, ich bin kein Einzelfall.

Täglich freue ich mich auf kleine Rituale. Um neun Uhr stehe ich auf und hole meine Zeitung zu Fuß, so bin ich aktiv. Dann trinke ich in aller Ruhe Kaffee, erledige das eine oder andere Telefonat und widme mich zwei Stunden lang der Zeitungslektüre, bei der ich nur sehr ungern gestört werde. Im Anschluss überlege ich, was noch ansteht, eine Einladung oder ein Besuch. Man muss den Tag strukturieren und darf ihn nicht verbummeln. Jeden Mittag koche ich mir etwas. Da ich kein Vereinsmensch bin, lehne ich Seniorengesellschaften und Tanzcafés ab. Solche Alteneinrichtungen sind mir zuwider. Die grauen Köpfe werden dort nur berieselt. Warum laden sich die alten Menschen nicht gegenseitig ein oder gehen zusammen spazieren, niemand muss so passiv sein, das hängt von der Eigeninitiative ab. Es ist wichtig, auf Menschen zuzugehen.

Freude macht mir mein fünfzehnjähriger Enkel Oscar. Da beide Eltern sich eine eigene Existenz aufbauten, kümmerte ich mich sehr um den Jungen. Dadurch hat mein Älterwerden eine andere Bahn genommen. Nach dem Tod seines Vaters und meines Mannes fuhren wir zweimal pro Jahr gemeinsam in den Urlaub. Einmal in den Süden, den zweiten Urlaub verbringen wir in Deutschland. Ich bin immer gern gereist, am liebsten mit anderen gemeinsam. Das hat sich inzwischen geändert. Ich muss nicht mehr nach Afrika, Asien oder in arabische Länder fliegen. Die dortige Armut macht mich mürbe, ich will damit nicht mehr konfrontiert werden. Als aufgeklärter Tourist kann man nicht aus seinem klimatisierten Hotel auf die Straße, direkt in die Armut stiefeln. Wir leben in einer hochexplosiven Zeit, nichts hat mehr Bestand. Vielleicht liegt es auch an meinem Alter, dass ich eine größere Distanz zu vielen Dingen entwickle.

Moon Suk,
Sopranistin, Schauspielerin, Dichterin, Moderatorin, Geburtstag am Weltfrauentag 8. März

Genug ist nie genug

Ich verrate mein Alter grundsätzlich nicht. Als Künstlerin gebe ich schon sehr viel von mir preis, ich brauche ein Geheimnis, das mir bleibt. Auch spiele ich mit diesem Geheimnis in meinen Performances, es ist Teil der Andeutungen. Jedenfalls fühle ich mich alt genug, um vieles zu wissen, und jung genug, um es zu tun. Sicherlich hat das Spiel mit meinem Alter auch etwas mit meinen unterschiedlichen Berufen zu tun. Ich verstehe mich als Gesamtkunstwerk, als Musikerin, Künstlerin, Dichterin und Moderatorin.

Jeden Morgen erblicke ich im Spiegel eine kreidebleiche Leiche. Neuerdings schminke ich mich bereits am Vormittag, was ich sonst nie getan habe, und mitunter überkommt mich so eine allumfassende Müdigkeit: Wenn ich stehe, will ich sitzen, wenn ich sitze, will ich schlafen, und wenn ich schlafe, will ich nicht mehr aufstehen. Als Mutter von zwei Söhnen wird mir täglich bewusst, wie meine Kinder aufblühen und ich selbst allmählich verblühe. Von Geburt an streben wir dem Tod entgegen. Ich bin bereit, mich jederzeit aus diesem Leben zu verabschieden. Man muss jeden Tag leben, mit Neugier und Dankbarkeit alle Möglichkeiten nutzen, die sich einem bieten.

Ich höre oft, dass ich jünger wirke, als ich bin. Und in der Tat ist es mir ein Bedürfnis, meine starke kindliche Seite voll auszuleben. Die Unbefangenheit zu sagen, was ich denke, ohne Scheu meinen Bedürfnissen nachzugehen, hält mich jung. Nur wer bereit ist zu sterben, kann intensiv leben. Ich liebe das Paradoxe im Alltag und in der Kunst. Alles ist wichtig und unwichtig zugleich. Meine Stimme, Styling, Gang,

Texte, Lachen und die Sprache, alles hat den gleichen Stellenwert. Viele Menschen stärken und bespielen in ihrem Leben nur einen oder wenige Aspekte ihrer Persönlichkeit, mir ist die Einheit von innen und außen sehr wichtig.

Das Leben mit Leichtigkeit zu nehmen ist unabdingbar. Die Akzeptanz seiner selbst ist ein Schlüssel zum Selbstbewusstsein. Meine kleine Nase, die schmalen Augen, all meine äußeren Merkmale habe ich als mir zugehörig akzeptiert und angenommen.

Ich werde mit dem Alter immer besser. Niemals dürfen uns die Meinungen anderer wichtiger sein als unsere eigene. Dadurch verlieren wir unsere Haltung. Ich besitze kaum materiellen Reichtum außer ein paar Hüten und einigen Stiefeln, kann aber ausleben, was mich erfüllt. Ich bin frei und unabhängig. Andere Frauen in meinem Alter, die Single sind, hadern ständig mit sich, sie sind besetzt von der Angst, im Alter keinen Partner mehr zu finden, und nehmen sexuell jede Gelegenheit wahr, die sich ihnen bietet. Frauen handeln häufig aus Angst und nicht aus reinem Vergnügen. Das ist in meinen Augen falsch, es hinterlässt eine Spur von Traurigkeit und Leere. Die Liebe fließt nicht, wenn die Gedanken nicht zur Ruhe kommen. Viele selbstbewusste Frauen setzen sich zu sehr unter Druck. Bei aller Eigenständigkeit und Unabhängigkeit vergessen sie die Hingabe. Sie wollen die Liebe, sind aber unbewusst mehr mit dem Gedanken an Sicherheit beschäftigt. Statt einfach zu lieben, denken sie zu viel nach: Hat er einen guten Job, ist er gut im Bett, wann ziehen wir zusammen? Alles wird bis ins Detail durchdacht, und daraus folgt Angst.

Ich glaube, dass ich auch mit sechzig oder siebzig noch Männer, die mir gefallen, haben werde. Nach vorn zu schauen wird im Alter wichtig, es ist besser, als mit rückwärtsgewandtem Blick zu klagen. Das Wort »schwer« habe ich einfach aus meinem Wortschatz gestrichen – und es funktioniert! Mir muss es gut gehen, in diesem Bewusstsein handele ich.

Ich finde, ich werde mit jedem Jahr interessanter, klüger, gehaltvoller. Ich bin mit meinem jetzigen Partner sehr glücklich. Sollten wir auseinandergehen, habe ich noch eine enorme Auswahl an anderen Männern. Deshalb kann ich mich hingeben und ohne Angst lieben. Leider oder glücklicherweise habe ich das Vergnügen an der Sexualität erst sehr spät entdeckt. Inzwischen habe ich viel Spaß daran. Sex zwischen liebenden Menschen ist etwas Großartiges. Faulheit im Bett ist für mich tabu. Ich möchte, dass mein Partner mich nicht langweilt. Man sollte sowohl im Beruf als auch im Bett kreativ sein. Wozu lernen wir all unser Wissen, Kunst, Musik, wenn wir es nicht nur für unser Leben, sondern auch für unser Liebesleben nutzen können?

Gemütlichkeit ist durchaus nötig, aber in einer Beziehung sollte man wach und neugierig bleiben, sonst geht die Liebe verloren. Hier in Deutschland werden, anders als in Korea, dem Land meiner Kindheit, die Alten oft bequem und dick. Hier lässt das ganze Land vieles ruhiger angehen. Wenn ältere Koreaner in den Urlaub fahren, besuchen sie fünfzehn Städte in fünf Tagen, was natürlich auch übertrieben ist. Dennoch: In Korea werden die Alten aktiver, engagieren sich gegen Kinderarmut, für die Kirche oder Soziales.

Für mein Alter habe ich keinerlei Vorkehrungen getroffen. Ich besitze keine materiellen Reichtümer. Die Kinder können meinen Kleiderschrank plündern. Wer Klavier spielt, bekommt das Piano, und wer Koreanisch lesen kann, meine Bücher. Sollte ich durch ein Wunder doch noch an Geld kommen, dann darf es nur für Bildungs- oder Weltreisen ausgegeben werden. Vieles ist mit meinen Kindern besprochen. Gemeinsam mit Freunden habe ich mir auch Gedanken über meine Beerdigung gemacht. Viele von ihnen wollen verbrannt werden und anschließend ihre Asche im Wasser verstreuen lassen. Ich möchte hier in Deutschland, wo ich mich zu Hause fühle, in der Erde verfaulen.

Viele fühlen sich mit zunehmendem Alter erschöpft und

müde, ich hingegen explodiere vor Kreativität, vor Lebenslust. Ich brauche nur eine Idee, dann ist sie schon fast realisiert. Energien muss man abgeben. Das ist wie in der Liebe, je mehr ich gebe, desto mehr kommt zurück. Auch in der Musik mit meinen Gesangsschülern versuche ich etwas Ähnliches zu vermitteln: Vergesst das Einatmen, denkt einfach nicht mehr bewusst daran und gebt die Atmungsenergie beim Singen ab. Dann klappt es mit dem vollen Klang. Wenn der Körper in der Atmung so klug ist, warum schafft das nicht auch unser Kopf? Nicht an das Alter zu denken, es nicht zu thematisieren, einfach zu leben und dankbar alt zu werden, das ist das beste.

Jede Altersstufe hat ihre starke und schwache Seite. Wenn die Sonne versinkt, geht der Mond auf, aber auch umgekehrt. Mein Wunsch ist es, auf der Bühne eines großen Opernhauses die Rolle der Madame Butterfly zu singen. Die Stimme wird mit zunehmendem Alter reifer, meine Gesangskarriere kann also beginnen. Manche Gesangskollegen werden über mich lachen, weil ich mich inzwischen nicht nur auf das Singen, sondern auch auf andere Kunstformen konzentriere. Aber wer weiß? Im Gesangsstudium wurde ich immer vertröstet: Du bist noch viel zu jung für das Repertoire, warte noch zehn Jahre. Und jetzt ist die Zeit reif. Ich bin reif für das Leben, das Sterben und das Singen. Deshalb lebe ich intensiver denn je. Oft höre ich die Arie »Es ist genug« aus dem »Elias« von Felix Mendelssohn Bartholdy. Aber genug ist nicht genug, genug ist nie genug!

Gisela Gruber,
Konditoreibesitzerin, 72 Jahre

Ich war mein Leben lang unter Menschen

Seit dem Tod meines Mannes im November 2000 gehe ich kaum noch in unsere Wohnung. Nur manchmal sitze ich dort mit Besuch zusammen oder gehe den Briefkasten leeren. Ich bin nicht gern in der Wohnung, alles ist mit Erinnerungen verbunden, es fehlt einfach etwas. Früher dachte ich, falls mein Mann vor mir stirbt, richte ich mir die Wohnung so ein, wie es mir gefällt. Aber als es so weit war, wollte ich das nicht mehr. Ich habe nichts verändert, nur die Schränke geleert, seine Kleidung weggegeben. Ein anderer Mann wäre für mich undenkbar, in meinem Alter ist das für mich unvorstellbar.

Aber die Familie und meine Freunde sind mir sehr wichtig. Ich wohne inzwischen mit meiner Tochter und meinem Enkel zusammen, sie ist geschieden und räumte gleich ein Zimmer für mich ein. Mit ihnen zu leben ist wunderbar, wir machen es uns schön, gehen essen, unternehmen viel gemeinsam und genießen das Leben. Ich fühle mich nicht einsam. Trotzdem behalte ich meine alte Wohnung, denn ich möchte nicht abhängig sein. Ein Altersheim käme für mich nicht in Frage. Ich habe nie verstanden, warum man Heime nur für alte Menschen baut, warum man nicht alle Altersstufen mischt, den Kontakt zwischen den Generationen hält, welche Bereicherung könnte das für alle sein. Statt dessen erlebt man so oft, dass alte Menschen einfach in ein Heim abgeschoben werden. Meine Tochter würde das nie übers Herz bringen. Auch in türkischen Familien wäre das undenkbar, sie halten zusammen. In Deutschland werden viele Kinder zu Egoisten erzogen. Das Alter wird kaum gewürdigt, von Erfahrungen will niemand etwas wissen. Ich bin bei meiner Großmutter aufgewachsen. Sie war immer für die Familie da, wie eine feste Burg. Ich erinnere mich noch, wie sehr sie sich freute, wenn ich ihr einen selbstgepflückten Blumenstrauß mitbrachte.

Als mein Mann starb, war ich fünfundsechzig Jahre alt und machte ich mir zum ersten Mal Gedanken über das Alter. Fünfundvierzig Jahre waren wir zusammen, wir hatten ein schönes Leben, betrieben gemeinsam unsere Konditorei, wir waren zufrieden. Sein Tod war ein tiefer Einschnitt für mich, ich fiel in ein tiefes Loch, wusste nicht, wie es weitergehen sollte, ob ich das Geschäft schließen sollte oder nicht. Doch meine Tochter sagte gleich: »Mama, in dem Laden bin ich groß geworden, das ist mein Leben. Wir machen weiter.« Das war auch richtig so, was sollte ich allein zu Hause sitzen, das wäre nicht gutgegangen. Ich war mein Leben lang unter Menschen und brauche den Umgang mit der Kundschaft. Ich dachte auch, wenn ich zu Hause bin und nichts mehr zu tun habe, dann gehen sicher die Zipperlein los.

Das passierte schließlich aber trotzdem. Der Tod meines Mannes nahm mich sehr mit. Viel Unangenehmes kam auf mich zu, und in einer solchen Situation trennt sich die Spreu vom Weizen. So lange es einem gutgeht, sind viele Freunde da, aber als es mir so schlecht ging, verloren sich einige Kontakte plötzlich. Das war sehr ernüchternd. Kurze Zeit nach der Beerdigung öffneten wir den Laden wieder. Es war gut für mich, dass es gleich weiterging. So hatte ich keine Zeit zum Grübeln über etwas, das ohnehin nicht zu ändern war.

In unserer Konditorei ticken die Uhren noch anders, wir haben die Einrichtung nie verändert. Lieber beziehen wir die alten Stühle wieder neu, obwohl das teurer ist, als neue zu kaufen, aber die modernen sind so unbequem. Achtzig Prozent unserer Kundschaft sind Stammkunden. Es ist wie eine große Familie, viele nette Leute, man weiß übereinander Bescheid. Jeden Tag bin ich von acht bis achtzehn Uhr im Geschäft. Das ist Unterhaltung pur, ständig erfährt man Neuigkeiten. Der Kontakt zur Kundschaft hält jung. Man nimmt teil, lacht, regt sich auf. Die Konditorei weiter zu betreiben ist eigentlich mehr ein Hobby, finanziell könnte ich es mir leisten, zu schließen. Aber ich möchte nicht darauf verzichten, regelmäßig Menschen um mich zu haben und nützlich zu sein. Wenn ich höre, was andere für Sorgen haben, denke ich immer, was geht es uns doch gut.

Eigentlich war ich immer glücklich, ich habe das Leben genossen, viel gelacht. Es ist wichtig, nicht alles so ernst zu nehmen und positiv zu denken. Auch mein Mann sah, egal wie es kam, immer das Gute. Bis zum Schluss saß er noch im Laden, er war immer dabei. Noch wenige Stunden vor seinem Tod meinte er, alles sei gut so. Dabei hatte der Arzt ihm längst gesagt, man könne nichts mehr machen. Er starb mitten aus dem Leben, so wie es sein Wunsch gewesen ist. Nach seinem Tod erließ ich eine Patientenverfügung. Ich möchte nicht an Schläuchen hängen, niemandem zur Last fallen, sondern einfach eines Morgens nicht mehr aufwachen. Das ist mein einziger Wunsch.

Vor ein paar Jahren bekam ich Probleme mit den Gelenken, Arthrose und Rheuma. Ich wurde am Knie operiert, bestimmte Bewegungen kann ich nun nicht mehr machen. Das ist nicht zu ändern, damit muss ich leben. Ich nehme Tabletten, mache täglich morgens und abends Gymnastik und gehe zur Physiotherapie. Den Gedanken, körperlich einmal nicht mehr in der Lage zu sein, arbeiten zu können, schiebe ich weg. Ich fühle ich mich nicht alt, ich freue mich jeden Morgen, dass ich aufwache und laufen kann.

Es beruhigt mich, dass meine Tochter versorgt ist, wenn es einmal so weit ist. Ich habe nie über meine Verhältnisse gelebt, aber mir auch immer etwas gegönnt. Früher war ich ein bisschen eitel, heute ist mir Äußeres nicht mehr so wichtig. Nur eine gute Friseuse brauche ich noch, weil meine Haare dünner geworden sind.

Ich möchte hier, mitten in Frankfurt, alt werden. Ich habe immer Stadtluft geatmet, aufs Land, ins Grüne würde ich nicht wollen. Was sollte ich da? Auch den Traum, im Alter ins Ausland zu gehen, kann ich nicht nachvollziehen. Ich glaube, viele machen sich da etwas vor, das ist falsche Romantik, und am Ende sitzen sie allein da, ohne Freunde, und kommen zurück, wenn sie krank sind. Einen alten Baum soll man nicht verpflanzen.

Hannelore Lübeck, Schauspielerin, 80 Jahre

Arbeit ist meine Medizin

Ich wollte immer mit meinem Mann zusammen alt werden. Daraus wurde nichts. Er betrog mich, zuletzt mit meiner besten Freundin. 1976 wurden wir nach dreiundzwanzigjähriger Ehe geschieden. Diese Demütigung habe ich bis heute nicht überwunden. Neben der enormen Kränkung quälten mich nach der Scheidung Existenzängste. Ich hatte kein festes Engagement und nichts zurückgelegt. Daher musste mein Mann mich nach der Scheidung zunächst finanziell unterstützen. Aber ich emanzipierte mich und baute mir ein eigenes Leben auf.

1979 kam Jürgen Flimm als Intendant an das Kölner Schauspielhaus und nahm mich in sein Ensemble auf. Das waren die besten Jahre für mich, die Zusammenarbeit mit ihm war einfach großartig. Noch heute treffe ich mich oft mit den früheren Kollegen, und wir schwärmen von diesen wunderbaren alten Zeiten. Danach war ich noch acht Jahre am Freiburger Theater, bei Friedrich Schirmer. Auch mit ihm war es eine wunderbare künstlerische Zusammenarbeit. In Freiburg fand ich sehr gute Freunde, bei denen ich heute noch jederzeit willkommen bin.

Seit meinem siebenundsechzigsten Geburtstag arbeite ich ausschließlich frei. Theaterluft, die Arbeit auf den Brettern, die die Welt bedeuten, das war immer mein Leben. Hin und wieder spiele ich auch kleine Rollen für das Fernsehen. Doch das mache ich nicht so gern. Meist wird nicht chronologisch gedreht, manche Szenen einfach gestrichen. Ich kann mich deshalb in eine Filmrolle nicht so gut einfinden. Es hat nicht die Intensität des Theaterspielens.

Ich wohne mitten in der Kölner Innenstadt, in einer lebendigen, beliebten Einkaufsstraße. Und ich habe meinen Hund Miro. Er bedeutet mir viel, er ist mein Ansprechpartner und aufmerksamer Gefährte, diszipliniert und gut erzogen. Es wäre schlimm, nach Hause in eine leere Wohnung zu kommen. Doch so bin ich nie einsam, auch wenn ich ansonsten kaum Kontakte habe. Mein Sohn lebt in Bremen und meldet sich nie. Meine Tochter ist zwar hier in Köln, aber sie ist mit ihrer Familie, ihrem Sohn und ihrem Mann, vollauf beschäftigt. Ich habe schon eine anonyme Bestattung organisiert, damit mir niemand eine Primel ans Grab bringen muss. Auch der Pfarrer meiner Gemeinde kümmert sich nicht um mich. Meine Großmutter wurde zum siebzigsten Geburtstag noch vom Gemeindepfarrer besucht. Ich hingegen habe zu meinem achtzigsten Geburtstag nicht einmal eine Glückwunschkarte bekommen.

Seit einiger Zeit habe ich Kontakt zu einem Sterbebegleiter aus einem Hospiz. Dieser Mann ist in meinen Augen ein Berufener. Er ist sehr einfühlsam und begegnet dem Tod mit Heiterkeit. Ich wünsche mir, dass er an meiner Seite ist, wenn es so weit ist. Es wäre schön zu wissen, dass er mich mit begleitet.

Es gab einen Moment in meinem Leben, in dem ich dem Tod schon einmal sehr nahe war. Ich war lange Zeit Alkoholikerin. 1970 hatte ich eine schwere Bauchspeicheldrüsenentzündung mit unerträglichen Schmerzen, die alle Organe stilllegte. Mit dem Alkohol hörte ich dennoch nicht auf, was sehr leichtsinnig war. Meine Rettung waren die Anonymen Alkoholiker. Dort machte ich die Erfahrung, dass es einzig und allein an meinem Willen lag, mit dem Trinken aufzuhören. Es funktionierte. Schon nach dem ersten Treffen rührte ich keinen Tropfen mehr an, ich brauchte weder einen Arzt noch eine Entzugsklinik dazu.

Seit drei Jahren habe ich Schwierigkeiten mit einem diabetischen Fuß, und seither spüre ich das Alter. Vorher war das nie ein Thema für mich. Mit einer kleinen Infektion, die nicht verheilte, fing es an, schließlich musste ein Zeh amputiert werden. Inzwischen kann ich wieder laufen und mich ohne Rollstuhl bewegen. Diabetes ist heimtückisch, weil man es lange nicht bemerkt und nichts weh tut. Auch eine Herzoperation steht an, um die ich mich schon längere Zeit herumdrücke. Wenn man wegen eines Krankenhausaufenthalts eine Weile ausfällt und Angebote ablehnen muss, ist es in meinem Metier schwer, wieder Fuß zu fassen. Man ist dann schnell weg vom Fenster, das macht mich wütend. Glücklicherweise habe ich eine Agentin, die sich sehr bemüht und mir immer wieder kleinere Rollen vermittelt. Arbeit ist meine Medizin und Therapie.

Für gewisse Erleichterungen im Alter habe ich gesorgt. Ich wohne in einem Haus mit Aufzug, habe einen Rollator, mit dem ich draußen manchmal unterwegs bin. Das Bett hat eine sogenannte Seniorenhöhe, damit ich besser aufstehen kann, Fuß- und Kopfteil am Bett sind elektronisch verstellbar. Einen Duschhocker habe ich mir auch angeschafft. Leider brauche ich ein Hörgerät, und die Augen sind auch schlechter geworden.

Auf mein Äußeres lege ich dennoch großen Wert, ich will immer einwandfrei aussehen. Ich pflege mich, schminke mir die Lippen, und ich trage gern außergewöhnlichen Schmuck und farbenfrohe Kleidung. Wenn man mir sagt, ich sähe zehn Jahre jünger aus, freue ich mich sehr darüber. Eine Schönheits-OP käme dennoch für mich nie in Frage. Diese Botoxgesichter sind schlimm. Man kann einfach nicht ewig jung aussehen. Und dann die Mode der jungen Leute – Hot Pants, die nur mit Mühe und Not etwas bedecken, und bauchfreie Tops –, ich finde das völlig reizlos. Ein leicht transparentes Oberteil und ein schwingender Rock sind doch viel schöner.

Sexualität fehlt mir nicht, aber die Aufmerksamkeit und das Begehrtwerden. Nach meiner Scheidung hatte ich fünf Jahre lang eine schöne Beziehung zu einem zwanzig Jahre jüngeren

Tunesier, die jedoch wegen des großen Altersunterschieds von Anfang an zum Scheitern verurteilt war. Nachdem ich die Beziehung beendet hatte, lernte ich auf Zypern einen fünfundzwanzig Jahre jüngeren Mann kennen. Seine Zuwendung und Komplimente taten mir gut, aber auch diese Verbindung wollte ich nicht länger aufrechterhalten. Ich habe mit den Jahren meine Macken und Gewohnheiten entwickelt. Da ist auf lange Sicht kein Platz für einen Partner.

Was ich wirklich vermisse, sind ausgedehnte Reisen. Das kann ich wegen meiner Gesundheitsprobleme zur Zeit nicht. Hongkong möchte ich sehr gern noch einmal sehen, das ist eine Stadt wie Champagner – so prickelnd. Und Marokko mag ich sehr, dort war ich bei einem Freund zu Besuch und tanzte sogar mit einem Scheich Tango. Das war wunderbar.

Die besten Jahre hatte ich zwischen fünfzig und siebzig. Ich war gut im Geschäft und bei den Intendanten gefragt. Diese Zeit würde ich gern noch einmal erleben, doch jünger als fünfzig möchte ich nicht mehr sein. Ich freue mich meines Lebens und möchte weiterhin die Augen offen haben für die Welt, für die Menschen.

Beate Hopf,
ehemalige ARD-Unterhaltungschefin, 64 Jahre

Ich möchte heiter durch das letzte Stück Leben gehen

Vor nicht allzu langer Zeit, es kommt mir vor wie gestern, sagte meine Generation: »Jetzt lösen wir die alten Säcke ab!« Nun sind wir selbst die »alten Säcke«, und das ging verdammt schnell. Freundinnen in meinem Alter meinen, wir sind doch fit, aktiv und sportlich, ernähren uns vernünftig, wir fühlen uns sicher noch lange jung. Aber ich glaube, wir machen uns da etwas vor. Man altert, es ist nicht mehr alles fit, wir sind nicht mehr so agil, der Kopf macht nicht mehr mit wie früher, das ist ein natürlicher Prozess, ich zum Beispiel bin vergesslicher geworden. Wir haben zwar die Perspektive, achtzig oder fünfundachtzig zu werden, aber jung bleiben wir dabei nicht.

Ich habe zunächst als Redakteurin beim Sender Freies Berlin gearbeitet und wurde dann – als erste Frau auf diesem Posten – Unterhaltungschefin der ARD. Die Arbeit machte mir großen Spaß. Ich war ein Workaholic. Bei diesem Job ist man morgens um neun im Sender, abends nach der Sendung wartet man noch, bis die Gäste der Talkshow verabschiedet sind, dann erst geht es nach Hause. Im Prinzip arbeitet man rund um die Uhr. Ich kümmerte mich aber auch noch um mein Pferd und das Haus und kochte oft für Freunde. Ich weiß heute nicht mehr, wie das ging. Jetzt habe ich die Kraft nicht mehr und bin froh, wenn ich meinen Mittagsschlaf halten kann.

1998, ich war mittlerweile Chefin der »Deutschen Fernsehlotterie«, veränderte sich von einem Moment zum anderen mein gesamtes Leben. Ich saß auf dem Beifahrersitz im Wagen eines Kollegen; wir hatten einen schweren Autounfall.

Der Airbag auf meiner Seite öffnete sich nicht, mir brachen alle Knochen, die nur brechen können, unter anderem das Rückgrat, der Lendenwirbel, die Halswirbelsäule. Lunge und Ischiaswurzel waren gequetscht. Trotz all dieser schweren Verletzungen schaffte ich es noch, mich aus dem Wagen zu befreien, obwohl die Tür klemmte und das Auto seitlich vor einem Zaun zum Stehen gekommen war. Ich merkte, dass der Wagen anfing zu brennen, und in meiner Todesangst entwickelte ich offensichtlich übermenschliche Kräfte. Ich erinnere mich nur noch, wie ich dann im Freien lag, es regnete in Strömen, und die Sanitäter sagten immer wieder: »Sie darf nicht in Ohnmacht fallen, sie darf uns nicht wegsacken.«

Es war ein Wunder, dass ich überlebte. Nach einem Jahr, vielen Operationen und Rehabilitationsaufenthalten, musste ich erst wieder laufen lernen. Ich weiß nicht, woher ich die Energie nahm, aber ich schaffte es ganz allmählich. Zunächst brauchte ich vom Bett zur Küche – das ist eine Strecke von etwa zehn Metern – eine Dreiviertelstunde. Ich musste lernen, den Schmerz anzunehmen und mit ihm zu leben. Regelmäßig trainiere ich nun im Fitnessstudio und mache Krankengymnastik. Ich habe immer noch eine Stahlplatte im Rücken.

Das Schwerste aber war es, psychisch zu verkraften, dass ich so plötzlich kaltgestellt war, zu wissen, dass ich nie mehr arbeiten können würde. Mein Selbstwertgefühl sank ins Bodenlose. Meine Arbeit war für mich schließlich nicht einfach ein Job gewesen, um Geld zu verdienen. Ich war glücklich als Geschäftsführerin bei der »Deutschen Fernsehlotterie«, war erfolgreich, empfand es als sinnvolle Aufgabe, meine Fernseherfahrung für einen guten Zweck einzubringen. Je besser wir arbeiteten, desto mehr Lose wurden verkauft, und wir konnten mehr Menschen zu größerer Lebensqualität verhelfen. Auch vorher, als Redakteurin, hatte ich es als meine Verpflichtung betrachtet, dem Nachwuchs den Weg zu ebnen. Und mit all dem sollte nun plötzlich Schluss sein?

Ich wurde depressiv – so sehr, dass ich schließlich professionelle Hilfe suchen musste. Zweimal zwölf Wochen lang ging ich in eine Psychosomatische Klinik und traf dort zum Glück auf einen sehr guten Therapeuten. Er ist heute noch, wenn mich schlechte Stimmungen einholen, mein Rettungsanker, eine Kraftquelle. Bei ihm bekomme ich keine fertigen Antworten oder Lösungen, aber Hinweise, um bestimmte Dinge selbst zu verstehen.

Ich brauchte lange, bis ich annehmen konnte, dass ich nicht mehr in den Beruf zurückkehren würde. Als ich mental etwas stabiler war, machte ich eine Traumabehandlung, um den Unfall zu verarbeiten. Die Erfahrung, dem Tod so nah gewesen zu sein, hat mein Leben verändert. Ich war ein sehr ungeduldiger Mensch, immer in Hektik. Lehnte der Fernsehdirektor etwas ab, kam ich zur anderen Tür wieder herein. Ich wollte etwas bewegen, setzte mich für meine Mitarbeiter ein und kämpfte erbittert gegen Ungerechtigkeiten. Heute bin ich ruhiger, zwar engagiere ich mich nach wie vor, aber weniger aufgeregt.

Meine Belastbarkeit ist nach dem Unfall insgesamt eingeschränkt, ich gelte seither als schwerbehindert. Meine Wirbelsäule muss ständig gestützt werden, das erfordert Konzentration und Kraft. Die ständigen Schmerzen machen mich mitunter nervös und aggressiv. Durch eine posttraumatische Störung, eine Schädigung der Nerven, bin ich auch psychisch weniger belastbar. Kämpfe und Konflikte halte ich nicht mehr gut aus. Früher traf ich problemlos zehn Entscheidungen am Tag und setzte mich entschlossen für deren Umsetzung ein. Heute muss es für mich etwas ruhiger zugehen. Manchmal empfinde ich es als beschämend, wie wenig ich im Vergleich zu anderen noch schaffe.

Der erzwungene Ruhestand erfordert es, dass ich mich mit anderen Dingen beschäftige. So lege ich etwa hinter meinem Haus einen kleinen Skulpturengarten an, kümmere mich um meine Freunde, versuche sie zu unterstützen und ihnen zur Hand zu gehen.

Meinen Geburtstag feiere ich nun im August, am Tag des Unfalls. Es ist wie ein zweites Leben, geschenkte Zeit, die ich intensiv nutze. Ich habe viel gelernt, für Geist und Seele, und bin dankbar für jeden Tag. Meine Tiere, zwei Hunde und ein alter Wallach, helfen mir sehr. Sie sind auf mich angewiesen, ich habe die Verantwortung für sie, auch deshalb muss ich mich täglich aufraffen und kann mich nicht gehenlassen. Das ist auch gut so. Das Reiten allerdings fehlt mir sehr. Ich habe auch selbst gezüchtet und ausgebildet. Mein Pferd ist schon zweiunddreißig Jahre alt, ein treuer Gefährte, ich hoffe, er bleibt mir noch eine Weile erhalten. Er ist für mich Freund, Familie und Therapeut zugleich. Ich liebe ihn heiß und innig und erzähle ihm, was mich bedrückt. So muss ich meine Freunde weniger belasten. Was sie nach dem Unfall für mich leisteten, war unglaublich, sie waren immer da und taten alles für mich. Das Netzwerk funktionierte, es war großartig zu spüren, was echte Freundschaft bedeutet.

Ich lebe allein und kann mir auch nicht vorstellen, den Alltag noch einmal mit jemandem zu teilen. Eine Partnerschaft vermisse ich nicht, ich halte mich sogar mittlerweile für beziehungsunfähig. Als Morgenmuffel bin ich froh, für mich zu sein und keine Rücksicht nehmen zu müssen. Ich brauche meinen eigenen Rhythmus.

Ich habe viel Besuch, bin aber auch gern allein. In mentaler Hinsicht sind die letzten Jahre für mich die schönsten gewesen. Ich bedaure nur, keine Kinder bekommen zu haben. Das ist in meinen Augen das Grundlegendste, der Ursinn: Leben weiter zu geben. Diese Aufgabe habe ich nicht erfüllt. Ich habe sehr jung geheiratet, mit neunzehn. Mein Mann wollte keine Kinder und lehnte es auch ab, dass ich berufstätig war. Nach zehn Jahren trennten wir uns, und noch am Tag nach der Trennung begann ich meine Träume und Sehnsüchte zu realisieren. Ich meldete mich bei einer Reitschule an und begann ein Studium der Theaterwissenschaften, Kunstgeschichte und Publizistik. Um meinen Lebensunterhalt zu verdienen, arbeitete ich als Assistentin des TV-Moderators Wim Thoelke. So landete ich beim Fernsehen, machte weitere Praktika, bis ich schließlich Redakteurin wurde. Bei diesem Engagement im Beruf war für Kinder kein Platz.

Ich lebte noch zwanzig Jahre mit einem sehr viel älteren Mann zusammen, und es gab eine weitere Beziehung: meine große Liebe. Doch zu diesem Mann bekannte ich mich nie richtig, ich fand es nicht anständig, den älteren Mann alleinzulassen und trennte mich nicht. Vielleicht habe ich deshalb das große Glück verpasst. Und es gab einen weiteren sehr wichtigen Menschen in meinem Leben, eine Freundin, mit der ich einige Jahre zusammenwohnte. Eine große Liebe, aber keine lesbische Beziehung. Sie war der wichtigste Mensch in meinem Leben. Auch sie war nach dem Unfall rund um die Uhr für mich da. Wir leben schon lange nicht mehr zusammen, aber sie ist nach wie vor eine wichtige Bezugsperson für mich.

Mit dem Alter gehe ich ähnlich um wie mit den Folgen des Unfalls. Ich lerne, es anzunehmen, ich habe keine Angst davor. Auch der Tod hat für mich keinen Schrecken. Ich habe mich schon einmal für ein Hospiz hier in der Nähe finanziell engagiert und möchte gern einen Sterbebegleiterkurs machen. Anderen zu helfen, in Frieden gehen zu können, wäre eine schöne Aufgabe für mich.

Vieles plane ich nicht mehr voraus, aber ein Projekt würde ich gern noch verwirklichen: eine Alten-WG, in der ich mit Freunden zusammen leben möchte. Einen Ort hatte ich bereits gefunden, ein altes Gut. Die Voraussetzungen dort waren optimal, mit großzügigen Gemeinschaftsräumen und genügend Privatsphäre und Rückzugsmöglichkeiten für alle. Leider war es zu teuer, so wurde bisher nichts daraus. So ein Projekt muss man früh genug realisieren, nicht erst wenn man senil und tatterig ist. Aber ich liebe auch mein Hexenhaus mit Reetdach sehr, es ist dunkel, aber sehr gemütlich. Und es steht meinen Freunden immer offen.

Während ich früher morgens lieber die Decke wieder über den Kopf zog, stehe ich heute gern auf. Buddhistische Weisheiten helfen mir, gut gestimmt durch den Tag zu gehen. Im Buddhismus finde ich Antworten, die mich ansprechen und mich lehren, den Wert des Lebens zu schätzen. Hindernisse gehören dazu. Das zu begreifen hilft mir, mein Schicksal zu akzeptieren, Verantwortung für mich und andere zu übernehmen. Ich möchte gern weise werden und heiter durch das letzte Stück Leben gehen.

Trude Simonsohn, Holocaustüberlebende, 86 Jahre

Ich bin für jeden Tag dankbar

Ich bin um meine Jugend betrogen worden. Während gleichaltrige Mädchen schöne Dinge erlebten, wurde ich 1942 nach dem Attentat auf den Chef des Reichssicherheitshauptamtes Reinhard Heydrich in Prag wegen des Verdachts auf Hochverrat verhaftet und sechs Monate später nach Theresienstadt deportiert. Meine Kriegserfahrungen und der Blick in die menschlichen Abgründe veränderten mein Verhältnis zum Leben, auch wenn ich das ich erst im Nachhinein bemerkte. In schlimmen Zeiten lebt man nur in der Gegenwart, von Augenblick zu Augenblick. Durch Verluste, Abschiede und schmerzhafte Erfahrungen bin ich sicher schneller gereift als die Generation meines Sohnes. Als er achtzehn wurde, musste ich daran denken, welche Verantwortung ich in seinem Alter schon trug. Im Lager sahen wir an den Kindern, wie früh sie durch die grausamen Umstände reiften. Schlag auf Schlag trafen uns und andere jüdische Familien die schlimmsten Schicksalsschläge und Enttäuschungen. Zeit, uns auf den Tod vorzubereiten, hatten wir nicht.

Bis zu meiner Deportation genoss ich mit meinen Klassenkameraden die Schulzeit. Wir machten die gleichen frechen Streiche wie alle Generationen von Schülern. Dass die Zeiten nicht so friedlich bleiben würden, ahnte ich bereits früh. Im März 1939 marschierten die deutschen Truppen in Prag ein, ich verließ die Schule, bekam aber ein gutes Abschlusszeugnis. Im Alter von achtzehn Jahren beendete ich also meine Schulzeit. Ich war Mitglied der zionistischen Jugendbewegung, und da ich nach Palästina auswandern wollte, musste ich zunächst auf ein Gut, um Grundkenntnisse der Landwirtschaft zu erwerben. Plötzlich hieß es, die Deutschen lassen keine Juden mehr ins feindliche Ausland reisen. Wir saßen in der Falle.

Ich kam nach Theresienstadt, dann 1944 nach Auschwitz. Mein Vater war bereits am 1. September 1939, dem Tag des Überfalls der deutschen Wehrmacht auf Polen, verhaftet und ins KZ Buchenwald und später nach Dachau verschleppt worden, wo er 1942 umkam. Meine Mutter wurde ebenfalls deportiert und 1944 in Auschwitz vergast.

Seltsamerweise habe ich kaum noch Erinnerungen an diese furchtbare Zeit. Ich erinnere ich mich nur noch an unsere Ankunft in Auschwitz, Josef Mengele begutachtete uns Ankommende und wies bei jedem mit dem Daumen entweder nach rechts oder links, ich wusste damals noch nicht, was das bedeutete. Wir mussten die Kleider ablegten und duschen, wurden kahl geschoren und dann nackt durch die Gruppen der SS-Männer zur Kleiderkammer getrieben. Stundenlang standen wir auf dem Appellplatz, während eine Musikkapelle spielte. Damals wünschte ich mir, einfach tot umzufallen.

Ich weiß nicht, woher ich die Kraft nehme, über all diese Erlebnisse als Zeitzeugin in den Schulen sprechen zu können. Seit 1979 bin ich mit meinen Vorträgen aktiv, ich war eine der ersten Holocaustüberlebenden, die sich in deutschen Schulen den Fragen der Schüler stellten. Es ist ungeheuer wichtig, Geschichte für die nachfolgenden Generationen erfahrbar werden zu lassen. Ignatz Bubis folgte später meinem Vorbild. Wir Überlebende haben die Pflicht zu sprechen, für all jene, die es nicht mehr können. Andere Tätigkeiten, wie den Vorstandsposten in der jüdischen Gemeinde, gab ich auf, um genügend Kraft für meine Zeitzeugenarbeit zu haben. Die Zuhörer brechen jedes Mal in Tränen aus, wenn ich von den Kindern erzähle, die in den Konzentrationslagern nicht überlebt haben. An diese jungen Menschen zu denken ist das Schwerste für mich. Wenn ich vor einer Schulklasse sitze, ist es für mich so, als sei ich tatsächlich am Ort meiner Erzählung. Ich konfrontiere mich immer wieder mit dem Erlebten, verarbeite es jedes Mal aufs Neue.

Ich kann den Schülern nicht meine Todesängste beschreiben. Ich kann nur versuchen, ihnen mein Leben zu vermitteln, richtig verstehen können sie es sicher nicht. Wäre ich nicht selbst in Auschwitz gewesen, wäre dieses Grauen auch für mich nicht vorstellbar. Mit dem Einmarsch der Nazis in die Tschechoslowakei war ich von einem Tag auf den anderen als Mensch nicht mehr vorhanden, ich wurde zur persona non grata. Ehemalige Freunde, mit denen ich zuvor auf einer Schulbank gesessen hatte, wechselten die Straßenseite, wenn sie mir begegneten. Die Jugendlichen von heute können sich diese Ausgrenzung nicht mehr vorstellen. Und ich empfinde es durchaus als positiv, dass das, was damals passierte, außerhalb ihres Vorstellungsvermögens liegt. Es ist wichtig, ihnen beizubringen, nein sagen zu können, auch wenn man sich damit unbeliebt macht. Es ist notwendig, gegen Unrecht anzugehen, auch wenn es nicht leicht ist. Gelingt es nicht beim ersten Mal, dann beim zweiten Versuch, man muss es lernen. Zivilcourage kommt nicht vom lieben Gott, man muss sie sich erarbeiten.

Meinen Mann Berthold lernte ich in Theresienstadt kennen. Es mag zynisch klingen, aber wenn ich nicht in dieses grauenhafte Lager gekommen wäre, hätte ich die Liebe meines Lebens nie getroffen. Wir gehörten derselben zionistischen Jugendbewegung an, deren Mitglieder alle nach Theresienstadt kamen. Normalerweise blieben die Jungs bei Vorträgen, die sie selbst veranstalteten, unter sich. Aber da ein Junge aus der Gruppe erkrankt war und ich ihn pflegte, durfte ich ausnahmsweise bei einem Vortrag dabei bleiben. Als der Referent den Raum betrat, funkte es sofort bei mir, er war ein unglaublich gut aussehender Mann und, was noch wichtiger war, ein brillanter Redner. Bei ihm dauerte es etwas länger, bis er mich wahrnahm. Wir blieben beide zwei Jahre in Theresienstadt, wo wir uns näher kennenlernten und kurz vor der Deportation nach Auschwitz nach jüdischem Ritus getraut wurden. Wir versprachen einander, dass wir uns, falls wir überlebten, in Theresienstadt wiedertreffen wollten. In Auschwitz wurden wir sofort getrennt.

Im Mai 1945 trafen wir uns dann tatsächlich in Theresienstadt wieder, wo wir als Angestellte des Repatriierungsamtes des Sozialministeriums bis September an der Auflösung des Lagers arbeiteten. Da die Schwester meines Mannes, als einzige Überlebende seiner Familie, inzwischen in Davos lebte, reisten wir zu ihr und blieben bis 1950 in der Schweiz. 1949 heirateten wir dort standesamtlich.

Mein Mann und ich hatten lange Zeit das Gefühl, ein geschenktes Leben zu haben, auf das wir eigentlich keinen Anspruch hatten. Unsere Freunde und Familien hatten ihr Leben im Konzentrationslager verloren. Warum hatten wir überlebt und nicht die anderen? Mit welchem Recht? Diese Frage begleitete mein ganzes Sein. Mein Blick auf alles, was uns vergönnt war, änderte sich grundlegend. Ich bin für jeden Tag dankbar.

Die jüdische Gemeinde bat meinen Mann 1950, nach Hamburg zu kommen, später gingen wir nach Frankfurt. Es war schwer für mich, nach Deutschland zurückzukehren, aber meinem Mann wäre ich auch bis ans Ende der Welt gefolgt. In den sechziger Jahren wurde er als Professor für Sozialpädagogik und Jugendrecht an die Universität Frankfurt berufen.

Ich spreche gern mit der jüngeren Generation über den Krieg und bin froh, jungen Deutschen etwas vermitteln zu können. Schließlich trifft sie keine Schuld an den Taten ihrer Großeltern. Der Gedanke, meinen Lebensabend woanders als in Deutschland zu verleben, kam mir nicht mehr. Es war ein beglückendes Gefühl, als ich endlich Wurzeln in dieser Stadt schlug und spürte, dass meine Leistung anerkannt wird und ich Gutes tun kann. Zunächst hatte ich mich hier sehr fremd gefühlt, doch mit den Jahren änderte sich das, auch wenn mir angesichts meiner Erfahrungen die Entwurzelung nach dem

Krieg als weniger tragisch erschien. Schließlich wusste ich, es gibt Schlimmeres.

Ich schaue heute auf vieles mit größerer Gelassenheit. Auch als mein Mann starb, war das ein sehr schmerzlicher Verlust, den ich aber annehmen musste. Er war neun Jahre älter als ich und hatte einen schönen Tod, er fiel einfach um. Ich gönnte ihm diesen schnellen schmerzfreien Tod und bin dankbar für die Jahre, die ich mit ihm verbringen konnte. Wenn man jung ist, wünscht man sich ein leichtes Leben, wenn man alt ist, einen leichten Tod. Mein Mann liegt auf dem jüdischen Friedhof in Frankfurt, neben ihm werde ich beerdigt.

Nach seinem Tod fehlte mir oft sein weiser und wunderbarer Rat. Ohne ihn fühle ich mich wie amputiert, es fällt mir schwer, die Einsamkeit zu ertragen. Ich brauche jemanden, mit dem ich Erlebtes teilen kann. Dennoch kam eine andere Partnerschaft für mich nie in Frage, und es hat sich auch nicht ergeben. Ich habe Freunde, meinen Sohn, seine Frau und meinen Enkel an meiner Seite, und auch die Arbeit hilft mir sehr. Nach dem Tod meines Mannes war ich froh, in der Jugendgerichtshilfe der Arbeiterwohlfahrt Sinnvolles leisten zu können. Von Jugend an lag mir die Pädagogik, auch wenn ich wegen des Krieges nicht studieren und keine Zeugnisse vorweisen konnte. Deshalb traute ich mir die Arbeit zunächst gar nicht zu, sie gelang mir jedoch dann sehr gut. Jedes soziale Engagement hilft, es ist wichtig, seine Erfahrungen weiterzugeben. Es gibt so viele Möglichkeiten, sich einzubringen und damit etwas zu verändern.

Ich werde oft von den Schülern gefragt, wie man im Alter so lebendig bleibt, wie ich es bin. Aber alt ist man in meinen Augen erst, wenn man nicht mehr bereit ist, dazuzulernen. Ich kenne Vierzigjährige, die heute schon alt sind.

Der Beginn des Alterns verlief für mich unbemerkt, fast übergangslos. Ich musste das Tennisspielen aufgeben, weil mein Spielpartner starb. Skifahren ging ich nicht mehr, seit mein Vetter, der mich sonst immer begleitet hatte, es aus gesundheitlichen Gründen nicht mehr konnte. Da war ich Mitte siebzig und wäre noch fit genug gewesen, um weiterzumachen, doch allein hatte ich keine Freude mehr daran. Erst seitdem hatte ich das Gefühl zu altern. Nach einer Hüftoperation will mein Bewegungsapparat auch nicht mehr so funktionieren wie früher. Krankheiten machen jedem Menschen Angst, wer fällt schon gern anderen zur Last? Will man im Alter keine Wehwehchen, ist die einzige Alternative, früh zu sterben.

Mit Freunden hatten wir vor Jahren geplant, ein gemeinsames Haus zu kaufen und unseren Lebensabend in einer Altenwohngemeinschaft zu verbringen. Doch wenn man so lange allein lebt wie ich, verspürt man keine Sehnsucht mehr nach räumlicher Nähe. Sicherlich muss man so ein Vorhaben auch in jüngeren Jahren und nicht mit sechsundachtzig umsetzen. In der unmittelbaren Nachbarschaft zu sein ist nett, aber zum Zusammenleben sind wir zu alt, um uns dann mit allen Eigenarten zu akzeptieren. Viele planen das, aber nur sehr wenige schaffen es.

Seva J., Hartz-IV-Empfängerin, 59 Jahre

Ich bin arm und reich zugleich

Seit 1986 lebe ich allein. Davor genoss ich das Zusammenleben mit meinem Ehemann, bis er sich neu verliebte und wir uns trennten. Es gab keine gemeinsame Perspektive mehr. Nach meinem Auszug aus unserer Wohnung verbrachte ich zwölf Monate in einer Kommune. 1989 ließ ich mich von meinem Mann scheiden, unsere Verbindung blieb aber freundschaftlich. Ich hatte mit anderen Partnern intensive Beziehungen, aber zu meinem Exmann besteht noch immer eine Seelenverwandtschaft. Wir haben keine Kinder, doch er ist mein bester Freund und mein bester Feind, keiner kennt mich so gut wie er. In diesem Jahr ziehen wir beide, in getrennten Wohnungen, in ein Mehrgenerationenhaus, sind aber nach wie vor kein Paar.

Ich hatte bereits vor vielen Jahren Interesse an gemeinschaftlichen Wohnprojekten. Bei allen gab es große gruppendynamische Bewegungen, die Aufbruchstimmung war greifbar, aber es scheiterte immer an finanziellen Problemen. Dann wollte ich eine Hausgemeinschaft mit drei guten Freunden gründen. Doch schließlich siegte meine Angst, dass im Alter einer von uns wegen Krankheit oder Tod ausfallen könnte und das Ganze nicht mehr zu finanzieren sei. Mir wurde immer deutlicher, dass ich im Alter irgendwo sein will, wo ich auch allein leben kann und unabhängig von anderen bin. In eine Gemeinschaft eingebunden zu sein ist mir für meine Lebensqualität ebenfalls wichtig. Andererseits wird es, je älter man wird, schwieriger mit den Umbrüchen.

Ich hatte in einer Zeitung über das Projekt jenes Mehrgenerationenhauses gelesen, das mir besonders reizvoll erschien, weil es mitten in der Urbanität der Stadt lag und dennoch durch die Hausgemeinschaft ein beinahe ländliches Lebensgefühl vermittelte. Ich kontaktierte die Bauträgerin, und beim ersten Treffen mit den potentiellen neuen Mitbewohnern empfand ich die Gruppe als sehr nett. Es gab Vorstellungsrunden, eine Tagesordnung, das Klima und die Gespräche in den Kaffeepausen gefielen mir, die Chemie stimmte. In den gemeinschaftlichen Diskussionsrunden der Hausgemeinschaft geht es in der Sache immer wieder hart auf hart, doch zum Schluss finden wir stets einen guten Ton miteinander. Aber ich erwarte auch nicht vierundzwanzig Stunden lang Friede, Freude, Eierkuchen. Natürlich gibt es Konflikte, etwa bei der Gestaltung der Gemeinschaftsräume. Aber die Diskussionen haben auch etwas Positives, ich lerne dadurch die Menschen kennen, mit denen ich im Alter unter einem Dach leben werde. Schließlich wird dieses Zusammenleben weitaus intensiver sein als in einer guten Nachbarschaft. Die Erwartungshaltung, dass meine neuen Nachbarn im Alter für mich sorgen, habe ich nicht. Ich weiß, wie schnell Menschen überfordert sein können. Normale Nachbarschaftshilfe ist sicherlich möglich, aber mehr nicht. Ich gehöre innerhalb der Hausgemeinschaft zu den Ältesten und bin eine der wenigen Singles.

Wir alle teilen uns einen Gemeinschaftsraum, einen Raum der Stille und den Garten. Für die Grünfläche haben wir in fünf Arbeitsgruppen, auch unter Mithilfe der Kinder, fünf Modelle entwickelt. Jeder konnte seine Prioritäten nennen, vom Gemüsebeet bis zum Sportplatz. Die Anwesenheit von über sechsundzwanzig Kindern im Alter von sechs Monaten bis achtzehn Jahren war ausschlaggebend für mich, hier einzuziehen. In anderen Wohnmodellen lebten immer nur ältere Menschen zusammen. Hier wird auch für kinderreiche Familien Wohnraum geschaffen. Das wird lebendig. Über gemeinsame Aktivitäten, wie Tischtennis, Fußball und Trommelgruppen, kommen wir hoffentlich zusammen und haben Spaß miteinander. Ich hatte nie Kontakt zu Kindern und freue mich darauf, sie groß werden zu sehen. Ich habe ein gutes Gefühl bei meiner Entscheidung.

Die achtunddreißig Quadratmeter große Wohnung im Projekt ist meine Alterssicherung. Ich lebe von Hartz IV und Sozialhilfe, das sind dreihundertfünfundvierzig Euro im Monat. Die erste Rate an den Bauträger war nicht beim Einzug, sondern bei Baubeginn fällig. Um das Projekt zu finanzieren, habe ich meine Eigentumswohnung verkauft. Die hatte ich über einen Privatkredit von einem Bekannten bezahlt, und mir war klar, mit Hartz IV gibt mir keine Bank ein Darlehen. Nach vierzehn Tagen war die Eigentumswohnung verkauft, ich war schuldenfrei und bekomme jetzt, in meiner neuen Bleibe, noch ganz viel Extrafläche durch die Gemeinschaftsräume hinzu. Ich gewinne sehr viel durch diesen Umzug. Eigentlich darf man bei Hartz IV kein Vermögen besitzen, es war nicht sicher, ob die Kommune der Stadt Köln das alles problemlos mitmachen würde, denn die zahlten bisher mein Wohngeld. Doch es zeigte sich, dass der Schritt für beide Seiten nur Vorteile hatte, durch den Verkauf war der Kaufpreis gedeckt. Die monatlich anfallenden Betriebskosten, wie zum Beispiel die Heizkosten, übernimmt das Amt für mich in Form der Wohnkosten.

Ich bin gelernte Sozialarbeiterin, habe Sozialwissenschaften studiert und war freiberuflich als Dozentin in der Hospizbewegung, im Gesundheitswesen und in der Medienbranche tätig. Mir ist klar, ich werde in meinem Beruf keine Arbeit mehr finden, aber damit kann ich gut leben. Dass ich mich nicht mehr über den Beruf identifiziere ist vielleicht schon Altersweisheit. Arbeitslosigkeit und Berufstätigkeit sind zwei Welten, der Wechsel war für mich eine riesige Umstellung. Nicht arbeiten zu müssen kann Luxus und Mangel zugleich sein. Aber ich habe meinen Frieden mit Hartz IV gemacht, es ist auch schön, wenig Geld zu haben. Seit die Angst vor dieser bedrängenden Situation weg ist, lebe ich sehr gut damit.

Mein Kaufverhalten zum Beispiel hat sich völlig verändert. Ich war nie eine große Konsumentin, aber inzwischen achte ich überhaupt nicht mehr auf Schaufensterauslagen oder Angebote. Es ist eine Bereicherung, wenn das Lebensglück nicht vom Geldausgeben abhängig ist. In der neuen Hausgemeinschaft werden wir ein Tauschsystem für Dienstleistungen einführen. So sparen wir alle Geld, und jeder kann sich mit seinen Begabungen einbringen. Mich auf neue Gegebenheiten einzustellen fällt mir leicht, ich hänge nicht an den Dingen, ich kann gut loslassen. Ich empfinde meine Situation nicht als Not, ich komme mit wenig aus. Im Internet schaue ich nach Angeboten und setze bei Anschaffungen Prioritäten. Meine Kleidung trage ich, bis sie schmutzig ist oder ich mich situationsbedingt umziehen muss. Öffne ich meinen Kleiderschrank, denke ich mir jedes Mal, was für ein Reichtum an Klamotten. Dieses zwanghafte Kaufenwollen brauche ich nicht. Ich bin arm und reich zugleich.

Ich habe lange gebraucht, um den Eingang zum Garten meines Lebens zu finden. Es ist schön, dass ich meinen Alltag ohne Planungen und langfristige Termine verbringen kann. Bis jetzt habe ich so gut wie nie meinen Geburtstag gefeiert, vielleicht veranstalte ich zu meinem sechzigsten zum ersten Mal ein Fest für mich. Heute fühle ich mich wohl in meiner Lebenssituation und in meinem Körper, ein schönes Gefühl, das ich früher nicht kannte. Das Alter ist bei mir bereits sichtbar, die Falten, die grauen Haare, aber ich bin mit dem Älterwerden einverstanden. Es war mir auch in jungen Jahren nie wichtig, über Äußerlichkeiten von Männern wahrgenommen zu werden. Das hat sich im Alter nicht verändert. In dem Café, in dem ich jeden Tag meinen Cappuccino trinke, treffe ich immer noch Männer, die mich schmeichelnd als schöne Frau bezeichnen. Darüber freue ich mich, aber ich bin nicht darauf angewiesen.

Ich fühle mich körperlich gut, ich bin beweglich. Die Gartenarbeit macht mir Freude, nachdem ich den ganzen Winter auf der Couch gesessen habe. Ich fühle mich nicht alt, weil ich nur wenig Altes mit mir herumtrage. Keine Geschichten aus der Vergangenheit. Ich lebe nicht in meinen Erinnerungen.

Ich bin sicher, es gibt den Zeitpunkt, an dem ich sagen werde, jetzt kann ich sterben. Ich besitze eine Patientenverfügung und bin für den Fall einer Krankheit vorbereitet. Früher habe ich sogar meine Beisetzung bis ins kleinste Detail geplant. Zu meinem Abschied sollte es mit einem Feuerwerk noch mal richtig knallen. Heute ist es mir gleichgültig, wie meine Beisetzung gestaltet wird.

Claudia Roth,
Bundesvorsitzende Bündnis 90/Die Grünen,
52 Jahre

Es gibt keinen Grund, sich auszuruhen

Vor kurzem, ich war auf dem Weg zurück nach Berlin, blätterte ich im Flugzeug in einem Magazin. Ich las das Porträt eines Managers und sah auf dem Foto einen älteren Herrn. Er war wie ich Jahrgang 1955. Das erschreckte mich, und ich fragte mich, ob ich künftig anders in den Spiegel schauen müsse.

Dabei ist es nicht einmal das mit den Jahren veränderte Aussehen, das mich nachdenklich stimmte, auch nicht die gezählten Jahre, fünfundvierzig, fünfzig, zweiundfünfzig. Nein, es ist die Erfahrung, dass alles so schnell geht. Als ich letztes Jahr mein Buch »Das Politische ist privat. Erinnerungen für die Zukunft« schrieb, wurde mir das ganz deutlich. Meine Zeit am Theater, die Jahre mit der Rockband, die Arbeit im Europaparlament – das kommt mir alles wie gestern vor und ist doch schon zehn, zwanzig, dreißig Jahre her. Und wie wird es sein, wenn noch einmal zehn oder fünfzehn Jahre vergangen sind, nach der »rushhour« des Lebens? Manchmal habe ich Angst, dass ich im Alter einmal dafür bezahlen muss, dass jetzt alles so schnell geht und ich nicht genügend Zeit habe, mich um meine nächsten Menschen, meine Freundinnen und Freunde, so zu kümmern, wie ich es eigentlich möchte. Und einen Teil des Preises zahle ich heute schon. Denn ich weiß genau, wie schwierig es ist, das Leben mit jemandem zu teilen, der in der Öffentlichkeit steht und sehr viel arbeiten muss. Es liegt vor allem an meinem Job, dass ich allein lebe.

Auch beruflich beschäftige ich mich viel mit der Zukunft. Wie wird es auf unserer Welt in ein paar Jahren aussehen? Sehr wichtig ist mir der Satz, den Petra Kelly gesagt hat: »Wir haben die Erde nur von unseren Kindern geborgt.« Also frage ich mich beständig: Habe ich mit meiner politischen Arbeit etwas erreicht? Läuft uns die Zeit davon? Habe ich genug getan, oder wäre mehr drin gewesen?

Ich denke, Veränderungen sind möglich und notwendig. Man muss sich einmischen, streiten, sich einsetzen. Oft spreche ich vor Schulklassen über den Klimawandel. Das ist ein wichtiges Thema, das endlich auch in der breiten Öffentlichkeit angekommen ist. Wenn wir noch zehn oder fünfzehn Jahre weitermachen wie bisher, wird das dramatische Folgen haben. Die Schüler von heute wären im Alter von dreißig Jahren mit den massiven Auswirkungen des Klimawandels konfrontiert. Die Zeit der Gleichgültigkeit ist vorbei, wir Politiker müssen dafür sorgen, dass etwas passiert. Wir müssen jetzt handeln, um die Zukunft zu sichern.

Eine weitere Frage ist, wie reagiert die Gesellschaft auf den demographischen Wandel? Die Menschen werden immer älter, während gleichzeitig die Zahl der Neugeborenen zurückgeht. Darüber wird viel geredet, aber wirklich eingestellt haben wir uns noch nicht darauf. Alte Menschen werden häufig sogar als Last empfunden, das darf nicht sein. Das Herbeireden eines vermeintlichen Generationenkriegs ist schlimm, da wird unnötig Konkurrenz aufgebaut. Dem muss man entschieden entgegentreten. Auch die Renten- und Gesundheitsreform müssen wir anders diskutieren. Wenn ich höre, dass ab einem bestimmten Alter eine Hüftoperation aus Kostengründen nicht mehr gemacht werden soll, wird mir ganz übel.

Junge Leute brauchen Perspektiven, aber nicht zu Lasten derjenigen, die die Grundlagen geschaffen haben. Das Alter wird oft nicht gewürdigt, die Lebenserfahrung, die Kompetenz, das Wissen, die Weisheit. Wir verschenken da unglaublich viele Ressourcen. Man muss eine Brücke bauen zwischen Jung und Alt.

Zum Beispiel über Projekte mit Mehrgenerationenhäusern. Bei der Konzipierung von neuem Wohnraum werden die Bedürfnisse alter Menschen, Rollstuhlfahrer oder auch kleiner Kinder oft vernachlässigt. Warum sollen die Generationen getrennt leben, wenn man in so vielerlei Hinsicht voneinander profitieren kann? Die Generation der in den fünfziger Jahren Geborenen hat die Lebensform der Wohngemeinschaft ja in ihrer Jugend oftmals ausprobiert. Im Alter wieder mit anderen Menschen unter einem Dach zu leben kann für sie eine wirklich attraktive Perspektive sein.

Oft kommt mit dem Eintritt ins Rentnerdasein ein Bruch, viele alte Menschen fühlen sich ohne ihre berufliche Aufgabe wertlos. In Paris sprach ich vor einiger Zeit mit einem alten Mann, der sich über die Deutschen lustig machte und fragte, warum so viele von ihnen nach dem Ende ihres Arbeitslebens nicht mehr wüssten, wer sie seien. Wir seien zu wenig selbstbewusst und orientierungslos. Ihm hingegen ginge es richtig gut, er brauche nicht viel. Für ihn bedeute Reichtum, einfach dort zu sitzen, Rotwein zu trinken und Zeit zu haben, das Leben zu genießen.

Ich würde meinen Lebensabend gern in einem Paradiesgärtchen verbringen, ohne Telefon, bei Sonne und Wind, mit sternklaren Nächten und einer gut ausgestatteten Küche. Es ist die Sehnsucht nach Ruhe, Schweigen, dem Luxus, sich treiben lassen zu können. Aber ich fürchte, daraus wird nichts. Ich glaube, dass nach meiner parteipolitischen Arbeit noch etwas anderes kommt. Ich würde gern noch einmal in einem anderen Land leben, in Istanbul zum Beispiel. Leben bedeutet für mich Lernen, Neues beginnen. Die Lust an Herausforderungen werde ich sicher nie verlieren.

Ich merke, dass ich mit zunehmendem Alter gelassener werde. Die innere Aufgeregtheit nimmt ab, Konflikte empfinde ich nicht mehr als so existentiell, es gibt keine Kämpfe mehr um jeden Alltagsmist. Die Auseinandersetzungen verändern sich, ich entwickle eine andere Distanz zu den Inhalten, kann besser abgeben und hinterfrage mehr, wofür es wirklich zu kämpfen lohnt.

Vor kurzem sagte ein Freund etwas zu mir, das mich sehr bedrückte: »Die Einschläge kommen näher.« Das klingt brutal, ist aber wahr. Die Frage, wie lange ich wohl noch leben werde, beschäftigt mich heute mehr. Mit der Endlichkeit meines Lebens wurde ich zum ersten Mal konkret vor vierzehn Jahren konfrontiert, als ich schwer erkrankt war. Ich dachte, da klopft nun der Tod an. Es war ein Schock, doch dann begann ich über das Leben nachzudenken, und das war gut. Ich überlegte, was ich ändern könnte, um gesünder zu leben, und besprach mich mit dem Arzt. Ich fragte ihn zum Beispiel, ob ich in Zukunft keinen Rotwein mehr trinken solle. Doch er meinte: »Nein, ab jetzt aber nur den besten!« Das kam mir sehr entgegen. Denn Genuss, gutes Essen und Trinken gehören für mich ebenso zur Lebenskunst wie die Lust an gutem Theater, an Kunst und Literatur. Angst vor dem Tod habe ich nicht, Angst hätte ich vor starken Schmerzen. Über Palliativmedizin wird zu wenig gesprochen, das Bewusstsein darüber ist noch nicht sehr entwickelt.

Die schlimmste Konfrontation mit dem Tod hatte ich, als meine Großmutter 1988 starb. Sie war der vielleicht wichtigste Mensch in meinem Leben, meine engste Vertraute, sie wusste einfach alles von mir. Schon als Kind war ich oft bei meinen Großeltern gewesen, es waren wunderbare Zeiten voller Glück und Freiheit, in denen ich viel von ihnen lernte. Ich durfte in ihrem Bett schlafen, sie hielten sich an der Hand, und ich fühlte mich geschützt und geborgen. Auch als ich bereits erwachsen war, machten wir noch gemeinsam Urlaub. Meine Großmutter sagte immer, es sei für sie noch zu früh, um zu sterben, sie müsse noch auf mich aufpassen. Als ich ins Europaparlament gewählt wurde, meinte sie: »Jetzt kann ich gehen.« Wenige Wochen später war sie tot. Ihre Fürsorge und Herzenswärme fehlen mir. Sie hat mir gezeigt, was Glück bedeutet.

Die Schönheit in alten Gesichtern fasziniert mich immer wieder, die Stärke, Kraft und Leidenschaft, die sich darin ausdrückt. Die Schönheitsideale von heute finde ich dagegen oft armselig und künstlich. Der Jugendwahn reduziert alles auf ein lächerliches Gleichmaß. Falten, die von den Kämpfen des Lebens zeugen, haben etwas Erhabenes. Lebensleistung verdient Achtung und Respekt, sie macht die Persönlichkeit aus.

Älterwerden ist für Frauen in Führungspositionen deutlich schwerer als für Männer. Die Jugendgeneration in der Politik verkörpert bei den Männern zum Beispiel Umweltminister Sigmar Gabriel. Er ist achtundvierzig. Joschka Fischer ist fast sechzig und galt noch vor wenigen Jahren als »young rebel« der Politik. Männer gelten also in diesem Alter noch als jung, während man den gleichaltrigen Frauen rät, langsam ans Aufhören zu denken.

Mein ehemaliger Lebensgefährte ist vor drei Jahren Vater geworden. Er ist etwas älter als ich und gilt nun als junger Vater. Vor fünfundzwanzig Jahren, in der harten Rock'n'Roll-Zeit, ging es uns beiden ökonomisch so schlecht, dass Kinder für uns nicht in Frage kamen. Später, als ich Europaabgeordnete war, wäre es finanziell kein Problem gewesen, aber wie hätte ich mich neben dem Beruf um ein Kind kümmern sollen? Da sehe ich die Verantwortung der Politik. Frauen muss es endlich ermöglicht werden, beides zu leben, Kinder und Karriere. Es gibt keinen Grund, sich auszuruhen.

Regina Halmich,
Boxweltmeisterin im Fliegengewicht, 30 Jahre

Mein Beruf ist eben etwas härter

Bei einer Boxerin entwickelt sich die volle Leistungskraft mit Ende zwanzig. Das habe ich erreicht, als Sportlerin bin ich also in den besten Jahren. Ich habe mich immer gut ernährt und intensiv trainiert, mein Trainer ist der festen Überzeugung, dass mein Körper in den nächsten ein bis zwei Jahren noch dieselbe Spitzenleistung bringen kann. Meine Reflexe sind noch immer perfekt, ich kann ohne höheren Leistungsaufwand den gleichen Erfolg erzielen wie vor fünf Jahren. Wenn ich Ende 2007 meine Karriere beende, werde ich dies in der vollen Blüte meiner Kraft tun. Man soll schließlich aufhören, wenn es am schönsten ist.

Dennoch hinterlassen die Jahre im Profisport natürlich Spuren und zehren an der Substanz. Ich spüre eine größere Anfälligkeit bei Verletzungen. Die Knochen und Gelenke beginnen zu schmerzen. Beim Lauftraining spüre ich immer häufiger meine Achillesferse. Wenn ich vom Sparring Schrammen im Gesicht habe, oder nach zwei anstrengenden Trainingseinheiten am Tag oder im Trainingscamp fühle ich mich ganz und gar nicht attraktiv und sexy. Ich sehe dann aus wie jede normale Frau, die hart arbeitet, und bin froh, dass das harte Geschäft des Boxerlebens noch keine Spuren in meinem Gesicht hinterlassen hat. Risswunden und Verletzungen, die ich hatte, sind gut verheilt, und ich pflege meine Haut sehr intensiv mit Peelings, Feuchtigkeitsmasken und Saunabesuchen.

Im Gesicht zeichnet sich ab, ob man mit sich im Reinen ist oder nicht. Eine positive Ausstrahlung zu behalten ist für mich das beste Rezept gegen das Altern. Man muss aus jedem

Jahr das Beste machen, schließlich bleibt uns nichts anderes übrig, als das Alter zu akzeptieren.

Obwohl ich in der Öffentlichkeit stehe, habe ich mich von dem Druck, schön sein zu müssen, befreit. In den Medien wird uns das Ideal der ewig jungen und schlanken Frau vorgegaukelt – ein verzerrtes Bild, das keineswegs der Realität entspricht. Bei mir weiß jeder, ich bin Boxerin, und in meinem Sport kann man als Frau nur unvorteilhaft aussehen. Ich schwitze im Kampf, die Haare sind streng zurückgebunden, ich blute womöglich im Gesicht oder trage andere Blessuren davon. Niemand erwartet von mir, dass ich schön bin. Erlebt man mich dann in natura, ist die Überraschung meist groß. Niemals würde ich mit den Topmodels, die immer perfekt und schön sein müssen, tauschen wollen. Selbstverständlich bin ich beim Gang über den Roten Teppich genauso eitel wie alle anderen auch, aber es ist nicht mein Lebensinhalt. Ich stehe nicht für Schönheit, auch wenn ich gern gut aussehe. Wenn ein angesehenes Magazin erotische Fotos von mir veröffentlicht, dann tue ich das nicht, um meine Weiblichkeit zu beweisen, sondern weil es mir wie jeder normalen Frau gefällt, wenn man von mir attraktive und vielleicht auch erotische Bilder macht. Ich fühle mich sehr fraulich, auch wenn mein Beruf eben etwas härter ist.

Boxen ist mein Leben und meine Leidenschaft. Ich würde lügen, wenn ich nicht zugeben würde, dass mir der bevorstehende Abschied vom Profisport schwer fällt. Die Auseinandersetzung mit meinem Rücktritt war eine harte mentale Arbeit für mich. Zwei Jahre trug ich den Gedanken mit mir herum, bis ich diese Entscheidung traf. Jetzt stehe ich dazu, dass ich mit Anfang dreißig zum ersten Mal in Rente gehe – ein Schritt, den meine Freunde erst in fünfunddreißig Jahren machen. Und ich denke gern an das Schöne zurück, das ich in den vergangenen Jahren trotz der Quälerei erleben durfte: Siege, Reisen, Glücksmomente, Euphorie und die Zuneigung der Fans. Boxen ist für mich mehr als nur der Beruf und die

Möglichkeit, damit Geld zu verdienen, es ist eine große Liebe. Es gibt nichts Schöneres, als nach dem Sieg mit erhobenen Armen den Applaus und die Standing ovations des Publikums entgegenzunehmen.

Wie ich mich bei meinem letzten Gang in den Ring fühlen werde, zum allerletzten Kampf, der in meiner Heimatstadt Karlsruhe stattfinden wird, kann ich mir jetzt noch nicht vorstellen. Ich vermute, es wird ein schwerer Moment für mich, schließlich darf ich die Emotionen, die meinen Abschied begleiten, nicht zeigen, ich muss mich beherrschen, denn ich habe noch einen Kampf zu bestehen. Meinen letzten.

Dann werde ich sehen, was auf mich zukommt. Mein gesamter Tagesablauf wird sich ja ändern. Öffentlichkeit und Erfolge werde ich in diesem Ausmaß in Zukunft nicht mehr haben. Viele Profiboxer fallen nach dem Karriereende in ein schwarzes Loch, das möchte ich nicht. Wir Sportler sind in keinem Angestelltenverhältnis, sondern selbständig. Mein Vater hat sich von Beginn an um meine Finanzen gekümmert und sorgfältig darauf geachtet, dass von den Einnahmen für meine Altersversorgung etwas übrigbleibt. Er hat die Prämien gut angelegt. Das ist sehr wichtig, denn sehr viele meiner Kollegen stehen nach dem letzten Gong vor einem Vakuum, haben nichts vom Preisgeld zurückgelegt oder müssen sogar wieder zurück in ihren alten Beruf. Das kommt für mich, als gelernte Rechtsanwaltsgehilfin, nicht in Frage. Ich werde dem Boxen weiterhin verbunden bleiben, wenn auch sicherlich in einer anderen Funktion. Eine Moderatorentätigkeit innerhalb des Boxsports – das wäre mein Traum.

Carmen Renate Köper, Schauspielerin, 80 Jahre

Ich habe gar nicht bemerkt, wie ich alt wurde

Meine Schwiegermutter hatte immer Schwierigkeiten mit ihrem Älterwerden, sie scheute sich davor, mit ihren Kindern über ein Testament oder den Tod überhaupt zu sprechen. Das war für mich der Anlass, schon früh selbst über das Alter nachzudenken, denn ich war der Überzeugung, dass man anders damit umgehen muss, so kann man nicht leben.

Das brachte mich auf die Idee, dem damaligen Kulturchef des Westdeutschen Rundfunks Hansjürgen Rosenbauer eine Fernsehserie mit Beiträgen über das Leben im Alter vorzuschlagen. Die Themen Wohnen, Ernährung, Gedächtnis, Recht und Liebe standen in dieser Serie mit dem Titel »Leben im Alter« im Mittelpunkt. Das Alter überhaupt anzusprechen, Altersheime mit der Kamera zu besichtigen und hilfreiche Informationen zu liefern, war in den frühen achtziger Jahren völlig neu im Fernsehen. Überdies war ich ja eigentlich Schauspielerin und hatte überhaupt keine Erfahrung als Drehbuchautorin und mit der Arbeit hinter der Kamera – umso mehr freute mich der Erfolg dieser Serie.

Gelernt habe ich aus den Dreharbeiten einiges, auch für mein Privatleben. Ich stelle mich dem Alter und verschließe mit achtzig nicht die Augen vor dem Tod. Auch eine Patientenverfügung habe ich abgeschlossen. Es ist noch immer ein Tabu in unserer Gesellschaft, aber ich muss in meinem Alter einfach täglich mit dem Ende rechnen. Ich fühle mich nicht alt, bin es aber leider, obwohl mich die Zahl achtzig häufig selbst überrascht, ich habe gar nicht bemerkt, wie ich alt geworden bin. Wenn ich heute in den Spiegel sehe, empfinde ich natürlich Verluste. Auf Fotos von früher sah ich ganz gut aus und gefiel mir. Andererseits gelingt mir noch alles, aber die körperlichen Macken, wie Rückenschmerzen und eine kaputte Schulter, nehmen spürbar zu. Im Grunde genommen ist für mich die Verlangsamung des Lebens im Alter ein Problem, es fällt mir schwer, das anzunehmen.

Mit meinen Eltern habe ich leider keine Gespräche über den letzten Lebensabschnitt führen können, sie sind zu früh gestorben. Familiäre Vorbilder gab es demnach nicht, aber die Lyrikerin Hilde Domin ist eines für mich. Bis ins hohe Alter war sie klar und präsent, das versuche ich auch zu sein.

Selbständigkeit und Unabhängigkeit sind mir wichtig. Einerseits möchte ich nie stören, möchte aber auch nicht Rücksicht nehmen müssen.

Auf eine intensive Partnerschaft lege ich großen Wert. Ich bin zehn Jahre älter als mein jetziger dritter Ehemann. Wir sind seit vierzig Jahren verheiratet. Zum Geburtstag schenkt er mir regelmäßig zehn Rosen weniger, als es meinem Alter entsprechen würde. Manchmal frage ich mich, ob das charmant gemeint ist oder ob es ihm nicht behagt, dass ich so freimütig unseren Altersunterschied preisgebe.

Das Alter hat aber auch Vorteile. Ich kann heute mein Leben so einrichten, wie ich es will. Mich zwingen kein Spielplan und keine festen Vorstellungstermine mehr in ein Zeitkorsett. Termine setze ich mir nun selbst. Fünfzig Jahre habe ich ununterbrochen Theater gespielt, selbst hochschwanger stand ich auf der Bühne und machte höchstens eine sechswöchige Babypause.

Durch das Ende der Theaterengagements hat sich beruflich viel für mich verändert. Das stelle ich unabhängig von meinem Alter fest. Im Theater findet sich als Spiegelbild unserer Gesellschaft eine gewisse Ablehnung des Alters wieder. Warum besetzt man beispielsweise die Rolle der Aase, Peer Gynts Mutter, mit einer Schauspielerin, die sichtbar jünger ist als der Darsteller des Peer Gynt? Ich frage mich, ob die junge Generation am Theater die alten, gestandenen Schauspieler als kritische Beobachter vielleicht fürchtet? Viele Regeln der Theaterarbeit haben sich verändert. Es ist nicht mehr meine Welt. Dennoch schaue ich gern auf mein bewegtes und glückliches Theaterleben zurück, auch wenn ich es nicht bis nach Hollywood geschafft habe.

Obwohl ich nicht mehr oft ins Theater gehe, vermisse ich die Arbeit im Ensemble. Ich würde mir wünschen, dass die jüngeren Kollegen wieder mehr auf die älteren zugingen und umgekehrt. Ich erinnere mich gern an meine ersten Jahre am Theater. Ich stand in den Kulissen, beobachtete die erfahrenen Kollegen mit großer Hochachtung und versuchte mir etwas abzuschauen. Wie habe ich ihre Kenntnisse und ihre Selbstsicherheit bewundert! Als junge Schauspielerin ist man enorm unsicher und gehemmt, obwohl der künstlerische Ehrgeiz ständiger Antrieb ist. Und selbstverständlich will man ankommen, beklatscht werden, das gilt für jedes Alter.

Mein jetziger Mann Peter Eschberg war zwanzig Jahre lang Intendant, die letzten zehn Jahre in Frankfurt. Wir haben uns im Theater kennengelernt und waren beruflich immer sehr eng verbunden. So war der Ausstieg aus dem Beruf für uns doppelt schwer. Das Theater stand immer an erster Stelle, dann erst kam die Familie. Mein Mann und ich führten lange Gespräche nach den Vorstellungen und wir diskutierten ständig. Theater war unser Leben, die Auseinandersetzung darüber, das leidenschaftliche Streiten fehlt jetzt. Aber der Beruf ist nicht alles. Eine intensive Partnerschaft im Alter ist ein großes Geschenk. Das muss man pflegen – und das erfordert auch Anstrengung. Einen liebevollen Partner im Alter zu haben ist eine große Hilfe und Befriedigung.

Ich denke, dass das Älterwerden für Frauen leichter ist als für Männer. Frauen sind durch ihre vielfältigen Aufgaben im Beruf und als Hausfrau und Mutter immer gezwungen, mehrere Gleise zu befahren. Ich hatte neben der Theaterarbeit immer schon auch andere Interessen. Das Dritte Reich, der Holocaust haben mich besonders gefesselt – vielleicht weil meine

Kindheit von dieser Zeit geprägt war. Der Blick zurück in die Vergangenheit hat mich angeregt, Filme zu machen und Bücher zu schreiben, die sich mit dieser unseligen Zeit beschäftigen.

Ich halte viel von Disziplin, Regeln und Ordnung. Manche Menschen haben dafür wenig Sinn, sie zerfleddern ihr Leben in meinen Augen. Planungen und Ziele gehen vor allem auch bei Jüngeren oft verloren, ich bringe Dinge gern zu Ende. Zu arbeiten und den Applaus für das Geleistete zu ernten ist ein befriedigendes Gefühl.

Ich freue mich, dass ich noch heute Angebote und Nachfragen erhalte. Solange man mich noch sehen will, stelle ich literarische Programme zusammen. Die Arbeit mit Autoren wie Selma Lagerlöf, Thomas Mann, Marie-Luise Kaschnitz und Astrid Lindgren bewegt und befriedigt mich sehr. Mitunter erarbeite ich auch Ausstellungen zu dem jeweiligen Künstler, die ich im Rahmen meiner literarischen Salons dann zeige. Demnächst wird meine intensive, sechsjährige Recherchearbeit über das Leben von Sonja Okun, über die ich bereits einen Film gemacht habe, als Buch erscheinen. Und dann bewegt mich noch ein Projekt, das mir sehr am Herzen liegt: Ich möchte etwas über das Leben meines Vaters, seine Situation im Dritten Reich veröffentlichen.

Ich verstehe den Begriff Ruhestand nicht. Ich habe immer gern gearbeitet. Was ich schaffe, erhält mich am Leben. Die eigene Kraft und Energie auch für andere einzusetzen, in der Gesellschaft zu wirken, sich ehrenamtlich zu betätigen, ist für mich selbstverständlich. Etwas weiterzugeben, dafür sind wir doch auf dieser Welt. Sich ausschließlich mit Familie, Kindern und Enkelkindern zu beschäftigen wäre mir zu wenig.

Es wird so bleiben, dass ich unter meinen Freunden die Älteste bin. Aber was heißt das schon, schließlich fühle mich nicht so! Sorge bereitet mir nur die Tatsache, dass Freunde zunehmend verlorengehen könnten. Allein, ohne meinen

Mann und ohne die Weggefährten in meinem Leben, möchte ich nicht zurückbleiben. Ich könnte mir sogar vorstellen, in so einem Fall in die Schweiz zu fahren und die dort erlaubte Sterbehilfe in Anspruch zu nehmen.

Lea Rosh,
Journalistin, Moderatorin, 70 Jahre

Passiv zu sein ist immer falsch

Der fünfzigste Geburtstag ist sicher eine wichtige Zäsur im Leben, auch wenn sich die Frage einer Lebensbilanz da noch nicht stellt, schließlich hat man noch unendlich viel Zeit – denkt man. Mit jeder Dekade jedoch bekommt die Zahl vor der Null eine größere Bedeutung, auf die ich lange mit Ablenkung reagierte. Zu meinem sechzigsten Geburtstag zum Beispiel bin ich mit meinem Neffen nach Venedig gereist. Doch Jahre später begann auch für mich das Nachdenken über das Alter. Immer öfter und radikaler fragte ich mich, was ich in diesem Leben nicht geschafft, wo ich die Weichen falsch gestellt habe.

Ich hatte viele gute Angebote, in die Politik zu gehen, Gerhard Schröder wollte mich, als er noch Ministerpräsident in Niedersachsen war, zweimal als Ministerin haben, doch ich lehnte ab. Ich hatte mein großes Projekt »Der Tod ist ein Meister aus Deutschland« – Interviews mit mehr als fünfzig Zeitzeugen des Holocaust – noch nicht abgeschlossen. Auch war ich mir nicht sicher, ob zwischen dem Altbundeskanzler und mir die Chemie gestimmt hätte.

Ich bin eine Frau der schnellen Entschlüsse und nicht feige, aber alles aufzugeben, Berlin, das ich sehr liebe, zu verlassen, und das nach dem Mauerfall, um in die Landesregierung Niedersachsens zu gehen, das wäre schon eine schwerwiegende Entscheidung gewesen. Nach Hannover ging ich schließlich dennoch, wenn auch nicht in die Politik, sondern als Direktorin zum Norddeutschen Rundfunk. War diese Entscheidung richtig? Diese Überlegung ließ mich lange nicht los. Ich liebe meinen Beruf als Journalistin, aber als Politikerin hätte ich natürlich mehr bewegen können.

Ich habe mein großes Ziel, die Errichtung eines Denkmals für die ermordeten Juden Europas in Deutschland, erreicht, aber ich habe auch einen hohen Preis dafür gezahlt. Mehr als einmal saß ich bei den Diskussionen um das Denkmal zwischen allen Stühlen und versuchte, die Angriffe gegen mich zu verstehen. Ich sei keine Jüdin, ich solle mich nicht einmischen, meinten manche Juden. Nichtjuden behaupteten hingegen, ich würde mich nur deshalb für das Denkmal einsetzen, weil ich Jüdin sei. Doch nicht mein jüdischer Großvater und die jüdische Linie in meiner Familie haben mich dazu gebracht, mich für das Denkmal zu engagieren. In meinen Augen ist es unser aller Denkmal. Zwar war ich als Journalistin durch meine kämpferischen und zielorientierten Artikel u. a. im »Vorwärts« Ausgrenzung gewohnt, doch die Ausgrenzung beim Prozess ums Denkmal hat geschmerzt und war kräftezehrend. Mit zunehmendem Alter wurde ich dünnhäutiger und verletzbarer. Ich habe leider keinen Panzer entwickelt, um kränkende Auseinandersetzungen an mir abprallen zu lassen.

Als ich begann, mich für das Denkmal zu engagieren, dachte ich, in drei Jahren sei das durch. Schließlich dauerte der Entstehungsprozess jedoch siebzehn Jahre. Unabhängig vom Alter und der Fähigkeit, Widerstand zu leisten, war ich gezwungen, das Projekt bis zum Ende durchzufechten. Meine Glaubwürdigkeit stand auf dem Spiel. Kein Hund hätte noch ein Stück Brot von mir genommen, wenn ich aufgegeben hätte und aus diesem Projekt ausgestiegen wäre. Und ich war ja auch überzeugt davon, dass wir es schaffen würden. Ohne Überzeugung kann man so etwas nicht durchhalten. Mit dem Freundeskreis für das Denkmal und den Vorstandsmitgliedern hatte ich auch Menschen, die hinter mir standen, den Historiker Eberhard Jäckel etwa und meinen Mann natürlich. Ich fragte immer wieder: »Wollen wir das, haben wir das nötig?« Doch vor allem mein Mann motivierte mich mit Engelsgeduld, Intelligenz und großer Ruhe. Allein schafft man das nicht. Es hat viel Kraft gefordert.

Es ist weniger Stolz, den ich mit dieser Leistung verbinde, als das Wissen, dass es das einzig Richtige war. Man muss sich gegen Angriffe und auch gegen die in einem hochkommende Bitterkeit durchsetzen. Ich konnte mich einfach nicht damit abfinden, wie schnell unser Land nach der Wiedervereinigung wieder zur Tagesordnung zurückkehren wollte. Nachdem Willy Brandt unseren ersten Aufruf zur Errichtung des Denkmals unterzeichnet hatte, war es leichter, auch andere davon zu überzeugen. Von ihm stammt auch der Satz, der dann unser Leitmotiv wurde: »Unsere Würde gebietet einen unübersehbaren Ausdruck der Erinnerung an die ermordeten Juden Europas.« Es galt, unsere Position immer wieder zu reflektieren. Der Holocaust ist für Juden und Deutsche eine entsetzliche Hypothek, seit der Abiturzeit und meinem Geschichtsstudium hat mich dieses Thema immer wieder beschäftigt. Für mich war es nicht möglich, diesen Teil der deutschen Geschichte auszublenden, ich musste ihn beruflich und in mein Engagement integrieren. Mein politisches Vorbild in vielerlei Hinsicht war immer Willy Brandt. Er stand zu seinen Schwächen ebenso wie zu seinen Stärken und hat aus seinem Leben etwas gemacht, das bewundere ich. Er war es auch, der mich mit seiner Ostpolitik ermutigte und motivierte, in die SPD einzutreten.

In meinem Privatleben sind Freunde enorm wichtig. Weil ich hier so viele enge Verbindungen habe, habe ich Deutschland nie verlassen. Kinder jedoch habe ich nicht bekommen, weil ich dachte, Beruf und Kinder seien nicht vereinbar, es würde zu viel Kraft kosten. Mein Mann litt lange unter unserer Kinderlosigkeit. Für mich ist meine journalistische Arbeit ein Ausgleich, ohne den ich sicher auch unglücklich geworden wäre. Wir haben jedoch einen herrlichen Neffen, den wir mit großgezogen haben. Das ist kein Ersatz für ein eigenes Kind, denn mit ihm haben wir nur die schönen Momente erlebt. Kummer und Sorgen hatte hingegen meine Schwägerin auszubaden.

Nach meinem sechzigsten Geburtstag habe ich eine Art Bilanz gezogen und in Berlin neu angefangen: Die Jahre als Rundfunkchefin in Hannover waren sehr einsam. Es gab viele Kämpfe und Intrigen, ich musste mich hart durchbeißen. Glücklicherweise hatte ich Beistand von Freunden. Doch Zeit für die Liebe blieb kaum, obwohl Liebe und Leidenschaft ja nicht mit sechzig oder siebzig Jahren aufhören. Als Moderatorin bei Radio Bremen hatte ich einmal in der Talkshow »3 nach 9« eine berühmte Gesprächsrunde zum Thema »Sex im Alter«. Drei Paare erzählten sehr offen über ihre Sexualpraktiken: Wie wichtig es ist, sich in den anderen einzufühlen, nach dreißig bis vierzig Jahren Ehe muss man sich im Bett schon was einfallen lassen. Auch Zärtlichkeit! Meine Generation muss es jedoch noch lernen, ihre Wünsche und Vorlieben zu äußern. Für mich ist eine erfüllte Sexualität nur in Verbindung mit einer großen Liebe lebbar. Erotik im Alter ist anders, vielleicht sogar schöner als in jungen Jahren. Ich finde mich immer noch attraktiv, aber man muss auch etwas dafür tun. Ich trainiere regelmäßig in einem Fitnessstudio, und gute Pflege, regelmäßige Friseurbesuche und gesunde Ernährung gehören auch dazu.

Viele Frauen haben es schwer, das Alter zu akzeptieren, weil die Männer, zumindest die doofen, nach den jungen Frauen schauen. Und doch gibt es auch Vorzüge des Alters. Man muss eben klug sein und seine Erfahrungen nutzen, dann kann man mit dem Alter sicherlich leichter umgehen. Mit zwanzig hatte ich eine unglückliche Liebe, der Mann verließ mich für eine andere. Ein Vierteljahr lang saß ich mit meinem Liebeskummer in einem verdunkelten Zimmer. Heute wäre ich nicht mehr so hilflos wie damals. Den eigenen Gefühlen nicht mehr so ausgeliefert zu sein, ist doch ein großer Vorzug des Alters. Man weiß, was wichtig ist im Leben, und setzt andere Schwerpunkte. Und weiß sich eher zu helfen.

Ein Nachteil des Alters ist es jedoch, dass bestimmte Dinge einfach nicht mehr machbar sind, damit muss man sich abfinden. Ich war zum Beispiel nie in Nepal, obwohl ich es mir immer gewünscht habe. Doch ich weiß, dass ich auch nicht mehr zum Himalaja komme, ob ich nun will oder nicht. Auch ein Musik- oder Wirtschaftsstudium kann ich in diesem Leben nicht mehr absolvieren, dafür reicht die Zeit einfach nicht mehr aus. Diese Endlichkeit auszuhalten, tut weh.

Oft habe ich Angst vor dem Tod meines Partners. Mein Mann war vor einiger Zeit schwer an einem Nierentumor erkrankt. Ich habe gekämpft, um ihn, um die richtige Behandlung, es schien mir undenkbar, dass ich ihn verlieren könnte. Er gehört zu meinem Leben. Für andere kann ich mich einsetzen, aber meinen eigenen Tod verdränge ich immer noch. Ich hoffe nur auf die Gnade, dass es schnell gehen wird. In den letzten Jahren sind viele Menschen in meinem privaten Umfeld gestorben, meine Mutter, meine Schwester, mein jüngerer Bruder, zwei Schwägerinnen, ein Schwager, es war entsetzlich. Man wird einsamer im Alter. Noch habe ich ein ausgefülltes Leben, doch manchmal habe ich die Vorstellung, im Alter allein zu sein, weil alle meine Freunde tot sind. Deshalb freue ich mich, dass ich auch mit jungen Frauen befreundet bin. Die können mich dann zu Grabe tragen.

Vor kurzem bin ich siebzig geworden – wieder ein Sprung in ein neues Jahrzehnt. Ursprünglich hatte ich den Geburtstag nicht feiern wollen, doch meine Freundin Ingrid Bachér sagte: »Du bist doof, undankbar und überheblich. Sei froh, dass du dir die Erde nicht schon von unten anguckst, und freue dich deines Lebens. Umgib dich an deinem Geburtstag mit Freunden.« Ich verstand und feierte mit ihr und neunundsechzig anderen Freundinnen und Freunden ein richtig schönes Fest.

Was noch tun? Bloß kein Altersruhestand! Beruflich kürzerzutreten kommt für mich nicht in Frage. Was sollte ich denn den ganzen Tag machen? Ich habe immer noch dieselbe Energie wie früher. Mein Schlafpensum hat sich nicht verändert, aber ich habe gelernt, auf die Signale meines Körpers zu hören.

Die Moderationen der Talkrunde im Hamburger Schmidts Tivoli Theater, meine monatlichen Salon-Gespräche in Berlin, die Gesprächsrunde im Berliner Willy-Brandt-Haus, der Denkmal-Förderkreis, meine Theater-Freundeskreise, ein Theaterstück, das ich gerade mit einer Freundin für das Potsdamer Hans-Otto-Theater entwickle, mit all dem bin ich mindestens vier volle Tage in der Woche beschäftigt. Das Thema Alter, das ich in meinen Talkrunden behandle, ist aktueller denn je. Ich kann eigene Beobachtungen in die Themenfindung und Gästeauswahl einfließen lassen. Der große Anteil älterer Menschen an der Gesellschaft wird immer noch von den privaten Fernsehsendern ignoriert. Die nehmen uns Ältere als Wirtschaftsfaktor gar nicht wahr, obwohl hier auch ein großes wirtschaftliches Potential steckt. Viele hochqualifizierte Fachkräfte müssen mit fünfundsechzig aus dem Beruf ausscheiden, obwohl sie gar nicht wollen. Dabei ist ihre Erfahrung und Kreativität ein enormes Potential, das viel besser genutzt werden könnte und sollte.

Ich bin für die Rente ab siebzig und nicht ab siebenundsechzig, das muss flexibler gestaltet werden. Bis zum Jahr 2050 wird es eine Verdreifachung des Anteils an Achtzigjährigen in Deutschland geben. Sollen die dann alle in Altenheime abgeschoben werden? Städteplaner müssen generationenübergreifende Wohnmodelle anbieten, und wir alle müssen vielfältige Antworten auf eine älter werdende Gesellschaft finden.

Auch die Passivität des weiblichen Geschlechts, die ich oft beobachte, macht mich wütend. Frauen verschwinden, wenn sie älter werden, meist völlig von der Bildfläche, übernehmen kaum öffentliches Engagement. Wären sie aktiver, gäbe es vielleicht weniger Altersarmut und Einsamkeit. Passiv zu sein ist immer falsch.

Marianne Rosenberg, Sängerin, 52 Jahre

Vergänglichkeit heißt Wandel

»Woher wir kommen und wohin wir gehen, kann keiner sagen, aber das Dazwischen können wir versuchen zu erfassen, zu benennen. Nicht der Nachwelt zuliebe, sondern um es abzuwerfen, zu springen, bevor wir geschubst werden, bevor man uns sagt, wie es gewesen sein soll.«

(Aus: Kokolores, Autobiographie)

Kurz nach meinem dreiundvierzigsten Geburtstag bekam ich zum ersten mal Angst vor dem Älterwerden. In dieser Zeit boomte der Musiksender VIVA. Plattenfirmen überlegten, ob es sich überhaupt noch lohnte, Videos mit Künstlern zu drehen, die nicht jung genug waren, um in das VIVA-Format zu passen. Ich war im Studio, wo ich gerade mein Album »Himmlisch« aufnahm, und hörte Sätze wie: »Ein Video brauchen wir nicht, wo soll das denn gesendet werden?«

Ich sprach mit einer Freundin darüber, weil ich mir Sorgen machte, meinen Beruf nicht mehr in der Weise ausüben zu können, wie ich es bisher gewohnt war. Sie war damals um die fünfzig, und ihr Umgang mit dem Altern erschien mir immer sehr souverän. Ich fragte sie aus, wie es ist, wie es sich anfühlt, was sie empfindet, wenn Leute etwas über ihre Falten sagen. Ich suchte nach Vorbildern, Vorleberinnen, mutigen Frauen, die sich dem entgegenstellten, nicht dem Altern, sondern dem gnadenlosen Spiegel der Gesellschaft, in der wir leben.

In meiner Autobiographie »Kokolores« schrieb ich im letzten Kapitel »Herbst« auch etwas über das Altern: »Ich liebe den Herbst, nicht jetzt erst, sondern schon immer. Es ist schön, wenn die Farben nicht mehr kreischen, wenn das Licht sanfter wird, wenn die Temperatur sinkt. Ich besinne mich dann immer wieder auf das Eigentliche, das Sein.« Ich wurde fünfzig, als ich das Buch schrieb. In diesem Alter bemüht man sich nicht mehr, sich konservativen Maßstäben zu beugen. Das ist ein Vorzug. Mit fünfzig erfindet man sich nicht neu, man definiert sich neu. Was ich meine, ist die Hinwendung zu dem Menschen, der man ist. Man muss das Älterwerden annehmen können. Ein Vorteil dabei ist, dass ich sage, was ich denke, ich taktiere nicht mehr, und ich komme so viel schneller zu dem gewünschten Ergebnis. Es interessiert mich weniger, was andere dazu sagen oder denken. Irgendwie wird man dann auch wieder jünger, innerlich. Gerade im Showgeschäft empfinden viele Ältere Jungsein als Bedrohung. Aus Angst, wie ein alter Hut zur Seite gelegt zu werden und nicht mehr vorzukommen, begreifen sie Jungsein als Angriff, und genau dann wird Altsein fragwürdig und quälend.

Ich möchte nicht zur ewigen Jugend verurteilt sein. Im Gegenteil, ich empfinde es gerade in meinem Beruf als eine besondere Herausforderung, mich nicht dem gnadenlosen Anspruch der Gesellschaft an das Äußere von Prominenten zu beugen und mich unters Messer zu legen. Ich verstehe zwar die Frauen, die es tun, nur zu gut, aber dennoch: Eine alte operierte Frau bleibt eine alte operierte Frau. Sie wird nicht jung durch den Eingriff. Erst die Tatsache, dass sie sich sträubt zu sein, was sie ist, schafft eine Bewertung. Es macht sie bedauernswert. Darüber hinaus erscheinen mir Schönheitsoperationen als Körperverletzung. Altern ist schließlich keine Krankheit, die einen medizinischen Eingriff notwendig macht. Es werden lediglich große Geschäfte mit unserer Angst vor dem Verfall gemacht.

Dabei bin ich bei weitem nicht so souverän, wie es jetzt vielleicht klingt. Zwar wird die Mutige in mir quicklebendig bei dem Gedanken, sich diesem »ganz normalen Wahnsinn« zu verweigern, doch zugleich überfällt mich der Feigling in mir und lässt zu, dass die Fotos für die neuen Plattencover nachbearbeitet werden.

Ich habe mir angewöhnt, das Schlechterwerden meiner Augen positiv zu sehen. Das ist so eine Art Weichzeichner, eine wirklich humane Einrichtung: Wenn ich zum Beispiel morgens in den Spiegel schaue, gefalle ich mir inzwischen auch ohne Make-up. Der Nachteil ist nur, dass ich im Supermarkt kein einziges Etikett lesen kann, wenn ich meine Lesebrille nicht dabeihabe.

Humor spielt auch beim Älterwerden eine entscheidende Rolle. Für mich ist es herrlich, mit Freunden über all das zu lachen, was ich nicht mehr ganz so hinbekomme wie früher. Man ist kreativ, sucht sich andere Wege, ist einfallsreich, verlässt eingefahrene Gleise. Im Alter liegt ebenso wenig etwas Schlechtes, wie in der Jugend nicht zwangsläufig etwas Gutes liegt.

Was mich als Musikerin jedoch besonders betrifft, ist die Veränderung der Stimmlage im Alter. Bei mir ist sie dunkler geworden. In früheren Jahren hatte ich immer Schwierigkeiten mit Chansons, die ich ja schon mit dreißig singen wollte. Sie klangen unglaubwürdig, weil meine Stimme sehr hoch und kindlich war. Vor zwei Jahren, als ich das Album »Für immer wie heute« aufnahm, auf dem sich die Klassiker der siebziger Jahre befinden, glaubte ich die schwindelnden Höhen meiner Stimme bereits verloren. Songs wie »Ich bin wie du« oder auch »Marleen« klangen jedoch in einer tieferen Tonart traurig und verloren jegliche Euphorie, die sie meines Erachtens brauchen. Ich musste in Originaltonarten arbeiten, dachte aber gleichzeitig, dass die Natur die Grenzen längst gesetzt hatte. Wie sich herausstellte, handelte es sich um ein psychisches Phänomen und nicht um ein physisches. Mein Produzent sagte mir: »Sieh mal, der hohe Ton kommt nur einmal in dem Lied vor, du musst ihn also nur ein einziges Mal treffen.« Das hat mich überlistet. Ich hörte mir das Ergebnis an, es war verblüffend, da waren die Höhen, man konnte dieser Stimme nach all den Jahren immer noch glauben. Heute singe ich gern in tieferen, entspannten Tonarten, es macht mir Spaß, meine neue dunklere Stimme vorzuführen.

Insgesamt halten sich Vorzüge des Alterns allerdings in Grenzen. Die älter werdende Frau ist eine diskriminierte Frau. Sie braucht viel Selbstbewusstsein. Ein Beispiel ist unsere Bundeskanzlerin. Noch nie wurde das Äußere eines deutschen Kanzlers so stark thematisiert wie bei Angela Merkel. Jeder fühlt sich befugt, diskriminierend über ihre Mundwinkel oder Tränensäcke, ihre Figur, Mimik oder Frisur zu reden. Und warum? Weil sie eine Frau ist, noch dazu eine alternde Frau. Dass ihr Aussehen für ihre Arbeit nicht von Belang ist, interessiert die Leute nicht.

Männer altern anders: Es weckt in ihnen weder Bedauern noch ein schlechtes Gewissen. Selbst mit Rettungsringen, dicken Bäuchen, Glatzen und Tränensäcken fühlen sie sich immer noch jederzeit befugt, das Äußere einer Frau zu bewerten. Und sie sparen gerade bei älteren Frauen nicht mit ihrem Urteil. Nichts ist beunruhigender für einen alternden Mann als eine Frau gleichen Alters. Sie erinnert ihn an seinen eigenen Verfall, und das nimmt er ihr übel. Deshalb entledigen sich so viele Männer ihrer gleichaltrigen Partnerinnen, um sich eine zwanzig Jahre jüngere Gespielin zuzulegen. Solche Männer haben etwas Bedauernswertes, aber nicht, weil sie alt werden, sondern weil sie unbedingt jung sein wollen.

Mit dem Tod beschäftige ich mich nicht, aber der Tod wird sich mit mir beschäftigen. Das wiederum beschäftigt mich, die Endlichkeit, Unausweichlichkeit. Ist auch der Tod nur Wandel, so, wie sich alles wandelt? Wenn ich an das Nichts glaube, und das tue ich gelegentlich, so wie ich an Gott glaube, besteht der Wandel aus den Bäumen und Blumen auf den Gräbern, bei Einäscherung, Wind, Meer, Sand usw. Ich weiß nicht, was davon ich werden will, weil ich so gern schmecke, rieche, sehe, fühle, liebe, lebe. Das alles irgendwann nicht mehr, nie mehr zu können erschreckt mich. Wenn ich all das nicht mehr kann, wäre es wohl gut zu sterben.

Aber wie stirbt man richtig? Und, ist es nicht auch gut, dass der Mensch endlich ist? Eigentlich ist die Beschäftigung mit dem Tod zugleich eine Auseinandersetzung mit dem Leben. Ich freue mich über die Menschen, die ich liebe und die noch kein Leid erfahren haben. Ich bleibe bei meinen Spaziergängen mit dem Hund im Wald stehen und spreche mit den Vögeln: »Wo seid ihr, wer singt denn da so schön?« Es ist mir überhaupt nicht peinlich, wenn jemand vorbeigeht, weil ich dann lachen muss, und dann lache ich gemeinsam mit einem wildfremden Menschen über mich. Das hätte ich früher nie getan.

Um alten Menschen gerecht zu werden, muss man sich in ihnen erkennen. Dazu ist man nie zu jung, doch die wenigsten Menschen tun das. Speziell wir Frauen meiden jeden Hinweis auf das Alter. Deshalb nimmt auch die Bereitschaft, alte pflegebedürftige Menschen innerhalb der Familie zu versorgen, immer mehr ab. Der Zerfall der Familienstrukturen ist ein ernstes gesellschaftliches Problem. Der Abstand zwischen Alt und Jung wird immer größer. Die Jungen finden das gerechtfertigt, die Alten ziehen sich mit Scham zurück, sie empfinden sich als unproduktiv und unerwünscht. Sie lassen los, weil die Gesellschaft sie loslässt. Da können nicht nur Politiker etwas tun, da können wir alle etwas tun. Das wachsende Verlangen der Gesellschaft nach Trennung von den Alten führt in die Sackgasse, da immer mehr Menschen immer älter werden. Das sind nicht einfach die Alten, das sind unsere Eltern, Tanten, Onkel, und irgendwann werden wir an ihrer Stelle sein. Mit Psychopharmaka vollgepumpte Alte in den Wartesälen zum Tod, ist das unsere Zukunft?

Ich habe einen Sohn, das war meine beste »Produktion«. Meine Karriere war eine Achterbahn, mal rauf, mal runter. Mal war ich arm, mal war ich reich. Unten zu sein ist wichtiger, als man denkt, man kann sich besinnen, und Neues entsteht, man nimmt es mit, wenn es wieder aufwärts geht. Ich habe in meinem Leben viel Glück gehabt, aber auch viel Leid erfahren. Für mich liegt die Spannung im Leben nicht im Vorspielen unzerstörbaren Lebens, sondern im Vergänglichen. Ich kann das Bild einer Ikone heraufbeschwören, indem ich sie spiele, ich kann sie aber nicht wirklich sein. Vergänglichkeit heißt Wandel. Ein jeder ist unverwechselbar. All die Liebe, das Bangen und Hoffen, die Verluste, Niederlagen, die vielen Glücksmomente, das Schmerzliche und das Schöne, das muss doch irgendwo bleiben. Es ist in mir, in meinem Ausdruck, wie ich gehe, blicke, etwas sage, das hat mich geprägt, es musste gelebt werden, vielleicht, damit ich wieder dort ankommen konnte, wo ich einmal war, als ich mit geschärften Sinnen und mit Neugier die Welt betrat. So gesehen, lohnt es sich vielleicht zu altern.

Dank

Wir bedanken uns herzlich für die Unterstützung bei:

Ilker Erez
Leo Friedman, Heimleiter des Altenzentrums der jüdischen Gemeinde Frankfurt/Main
Julien und Res
Monika Schneider, Agentur für Wohnkonzepte
Bert van der Post, Hospiz Himmel un Ääd e.V.
Andheri-Hilfe Bonn e. V., www.andheri-hilfe.de
Büro gegen Altersdiskriminierung e. V., www.altersdiskriminierung.de

Bildnachweis

S. 14 Gaby Gerster
S. 112 Gabo/Agentur Focus
S. 130 Lindenstrasse/Mara Lukaschek
S. 136 privat
S. 258 Picture alliance, Foto: Jörg Carstensen
S. 276 Ullstein Buchverlage © Christian Hoppe

Alle anderen Porträts stammen von Karsten Bartel.

Der Abdruck der Zitate aus »Kokolores« von Marianne Rosenberg (© Ullstein Taschenbuchverlag, 2007) auf Seite 277 f. erfolgte mit freundlicher Genehmigung der Ullstein Buchverlage GmbH.